PREVENCIÓN DEL ILETRISMO
O ANALFABETISMO FUNCIONAL

PREPARAR PARA LA ESCRITURA

GUÍA PRÁCTICA

Para docentes de Escuelas infantiles y Primero de Primaria

EN PORTADA: Foto 1. *Grafismo impuesto; nivel medio. Enero 2007*

En negro, la corrección del docente que repasa encima de los trazos del niño recordándole los límites impuestos (flecha negra). El niño ha entendido las indicaciones; sin embargo, al igual que sus compañeros de 4 años, no tiene la suficiente madurez ni el completo control de sus gestos y movimientos.

Mediante el grafismo libre, el niño progresa a su ritmo en la precisión de su movimiento de la escritura y, además, está realizando una obra; actúa, trabaja. La obra le pertenece, reivindica su autoría, con todo lo que esto conlleva, tanto para el propio Ego (reconocimiento del Yo, ánimos recibidos, valoración, deseo, etc.) como en el aspecto de socialización (reconocimiento del grupo y el propio lugar dentro de este grupo). El docente sólo va interviniendo a medida que va avanzando la realización del niño y nada más que para sugerirle lo que este podría añadir o mejorar; partiendo siempre del nivel del niño, lo invita a superarse (por ejemplo utilizando alguna técnica concreta). La tarea siempre se hace partiendo de las capacidades del niño y encaminándose hacia los objetivos del docente, y no al revés. Respeto al niño y al nivel que tiene. Logro asegurado. El éxito de la operación también conlleva estímulos y valoración.

ISB: 978-2-9550437-7-6

EAN: 9782955043776

«Los hombres no nacen siendo hombres, se hacen hombres».
Erasmo

De ahí «la necesidad de que el maestro respete la singularidad del alumno, su sensibilidad, su libre arbitrio y su peculiar forma de inteligencia».
F. Lenoir

Foto 2: *grafismo sobre soporte inclinado*

Cuarenta años de carrera profesional en la Educación Nacional francesa me han brindado la oportunidad de poder trabajar con dos generaciones entre los años 1968 y 2005; además lo hice desempeñando dos funciones a la vez: la primera como maestra, la segunda como psicóloga escolar, dos funciones complementarias.

Hoy en día, el iletrismo (analfabetismo funcional) afecta a más del 11% de la población escolar y esto no es fruto del azar. La investigación realizada por el Observatorio Nacional para la Lectura (de Paris) destaca que una de las principales causas del fracaso en la lectura es la insuficiencia del lenguaje al iniciar primero de Primaria. Poseo este dato, de suma importancia, desde hace cierto tiempo; lo extraje de mi propia experiencia, y lo seguí observando durante la segunda parte de mi carrera, después de la gran reforma de la Escuela Infantil, en 1990.

Anteriormente, la Escuela Infantil francesa era un modelo europeo, el buque insignia de la Educación Nacional al que no se le podía tocar según las propias palabras del general De Gaulle.

Las grandes reformas (incluida la de 1990, tocante a la incorporación de la Escuela Infantil a la Escuela Primaria), la sustitución de las Escuelas de Magisterio por los IUFM (Institutos Universitarios de Formación de los Maestros), han gestado una nueva generación de maestros (los profesores de Primaria) así como nuevos programas, mientras que la sociedad y por lo tanto la familia, estaba viviendo un importante cambio. Sin embargo no han cambiado las etapas de desarrollo del niño entre 0 y 6 años, con sus grandes momentos tales como el andar, el control de esfínteres, la incorporación del lenguaje, etc. En cada una de estas pruebas el niño se siente más o menos alentado en función de la calidad de su entorno.

En la Escuela Infantil, he conocido este entorno en unas condiciones óptimas tanto a nivel material como a nivel de docentes. Hoy ambos han cambiado y la información escrita, el papel y lápiz, está ocupando un lugar preponderante en perjuicio de los juegos y del rincón de los juegos que casi han desaparecido. Sin embargo el juego es una etapa importante hacia la escritura; el juego es la etapa intermedia entre una situación vivida y la escritura, que se sitúa entre el mundo concreto en el que el niño puede expresarse y el mundo abstracto de las letras en el que aún no puede hacerlo.

El juego es la etapa que permite también representar la situación, adueñarse del lenguaje y de la memoria. El niño al que obligan a llegar directamente a la escritura pierde en camino las palabras puesto que carece, tanto de un soporte adecuado para poder fijarlas, como del tiempo necesario para ello.

La repentina llegada a la escritura deja en el olvido la presente etapa, precisamente la que está viviendo el niño, con toda la importancia que tienen el lenguaje oral y su incorporación. El no respetar esta etapa acarrea unas consecuencias muy serias.

Estas páginas recogen las habilidades que corresponden a las necesidades del niño en su caminar hacia la escritura.

Para cualquier tipo de actividad, la primera regla del respeto consiste en empezar siempre partiendo de lo que el niño sabe para tratar de conducirlo hasta el siguiente nivel; lo cual supone que el maestro tenga un mínimo de *conocimiento del niño* y de *estrategias pedagógicas*. Por ejemplo: colocar al niño en situaciones concretas para conducirlo de múltiples maneras a la reflexión; animarlo a que se exprese lo más posible; escucharlo y valorarlo. La pedagogía es también el arte de colocar al niño en situación de éxito y de este modo contribuir a afianzar su confianza en sí mismo.

Este segundo libro, al alcance de todos, es mi propia contribución a la prevención del iletrismo (analfabetismo funcional) y a una de sus primeras consecuencias, la violencia.

Respetar al niño es también respetar al adulto que se está construyendo en él a cada instante.

INTRODUCCIÓN

La Escuela Infantil no enseña a escribir; prepara para ello. El objetivo de la Escuela Infantil nunca ha sido la escritura. ¿Por qué? ¿Qué es la escritura? ¿Está adaptada o es adaptable para los niños de menos de seis años? A nivel físico, la escritura es producto de unos movimientos muy precisos y de su coordinación: agarrar y sostener un lápiz entre los dedos para formar *la pinza*, hacer girar el conjunto en torno a la muñeca, desplazar brazos y antebrazos a lo largo de una hoja, inmovilizar el tronco y las extremidades inferiores, todo un conjunto de acciones simultáneas que hay que coordinar y que distan mucho de las capacidades físicas que tiene un niño de Escuela Infantil. La escritura es también la codificación del lenguaje oral; sus signos y letras corresponden pues a los sonidos de la lengua oral. Escribir, *decir por escrito*, obliga a hacer esfuerzos añadidos, además del físico y del conocimiento de los fonemas; escribir es también reflexionar sobre el asunto del mensaje. La Escuela Infantil francesa, consciente del potencial que tiene el niño menor de seis años y queriendo respetar su desarrollo, tiene por misión la de prepararlo en estos diferentes campos. En la Escuela Infantil, todas las disciplinas son interactivas. La *lección* de lenguaje, ahora llamada *actividad* de lenguaje, no es el único momento en el que se aprende lengua francesa. A lo largo de todas las actividades del día, numerosas son las oportunidades de poder aprender el idioma materno. La *sesión de psicomotricidad*, preparada e incluida en el horario escolar diario, no impide que el niño de esa edad, en otros momentos del día, pueda moverse y entrenar su cuerpo; por ejemplo: jugando a la pata coja o dibujando.

El movimiento de la escritura, toma prestado de otras disciplinas (psicomotricidad, lenguaje, etc.) muchos aspectos. Dibujar o escribir, resultado del movimiento de la escritura, es ante todo un conjunto de movimientos que involucran ciertos grupos de músculos y su coordinación. El niño que hace garabatos, que dibuja, copia o escribe, debe controlar su cuerpo para: inmovilizarse en posición sentada; formar la pinza que sujeta la herramienta (con mano y dedos); ser consciente de las partes que forman su extremidad superior (mano, brazo y antebrazo) para mover cada uno de ellos por separado. Además, habría que añadir a todo esto: las exigencias de la hoja, de la línea, de la página, de las instrucciones del maestro, y del mensaje.

RECORDATORIO ¿DÓNDE SE INICIA ESTE MOVIMIENTO? El movimiento ya existe in útero. En el momento de nacer, el paso del líquido amniótico al aire obliga al recién nacido a adaptarse; toda su organización sufre una modificación. El cuerpo se mueve de distinto modo, con otra velocidad. Antes de agarrar, los movimientos del recién nacido tienden a ajustar la visión y el agarre (el brazo busca la dirección del objeto a la vista, y después intenta agarrarlo; *Las etapas sensorio-motoras* de Piaget). En cuanto el recién nacido es capaz de sentarse, adquiere agilidad en este ejercicio aunque siga limitado a aquellos objetos que estén al alcance de la mano. En cuanto sabe andar y mantenerse en equilibrio, agarrar, tomar y sujetar se han convertido en un juego en el que día a día, va ganando destreza. El niño se levanta y camina, motivado por el objeto codiciado y lo agarra para poderlo explorar; mira, escucha, toca, prueba, huele; su memoria se encarga de lo demás. Ahora ya es capaz de sujetar un lápiz aunque esto no sea suficiente para el movimiento de la escritura. Para dibujar o escribir necesita un soporte (el papel) además de la herramienta (el lápiz). Ni el uno ni el otro entran dentro del campo de exploración de los pequeños. Tiene su razón, ¡peligro! La mayoría de los niños descubren el papel y lápiz con sus padres, antes de los 3 años. La magia de los colores interesa pero las dificultades y las obligaciones (entre las cuales está la inmovilidad del cuerpo), pronto desaniman. El juego sólo dura unos pocos minutos. El niño vuelve pronto a su actividad prioritaria, la exploración física de su entorno a través del juego. El movimiento es vida y, durante toda la vida, se va entrenando.

GENERALIDADES

I LOS PLANOS DEL ESCRITO

Escribir requiere un apoyo sobre el plano vertical (o inclinado) u horizontal. Hacia los tres años, cuando piden papel y lápiz, los niños de párvulos tienen estos planos a su alcance. El adulto, respetuoso de su desarrollo, se anticipa a esta petición y le proporciona un material adecuado: unos caballetes, paneles murales, pizarra, para el plano inclinado o vertical. Unas mesas al tamaño del niño para el plano horizontal.

Unos planos diferentes para el futuro embadurnador. ¿Por qué? Dos planos complementarios para respetar al niño en su caminar hacia el éxito.

EL SOPORTE VERTICAL ofrece numerosas ventajas para el sistema nervioso. El niño está de pie frente al plano (fotos 2 y 3). Dibujar o escribir sobre el soporte en posición vertical (pizarra, pared) o inclinada (caballete) le permite permanecer de pie y seguir moviéndose, poderse acercar, alejar, girar. Con lo cual, el sistema nervioso, frágil en esa edad, no se resiente. El beneficio para el despliegue de las diferentes partes de la extremidad superior es también evidente: en posición vertical, ningún área, desde el brazo hasta los dedos, se apoya sobre el soporte (foto 4); el miembro entero trabaja en el aire.

Al doblar o extender las distintas partes, el niño descubre y aprende a percibir las diferentes partes que lo forman: brazo, antebrazo, hombro, codo, mano, dedos, muñeca.

El entrenamiento sobre el plano vertical o inclinado, la posición de pie, dejan al niño libre para poderse mover y por lo tanto poder adaptarse. La amplitud del movimiento (distancia entre el brazo extendido y el brazo doblado) requiere unas hojas de gran tamaño (por lo menos 54x42).

NB: antes de los seis años, el niño se descubre a sí mismo; no es consciente de las partes de su cuerpo; aún duda al nombrarlas y al situarlas. Por ejemplo, sólo mueve la mano en torno a la muñeca en raras ocasiones, sin tomar consciencia de ello (acto involuntario). El descubrimiento y la toma de consciencia de cada parte del brazo son necesarios para el control del movimiento de la escritura (programa de psicomotricidad).

EL SOPORTE HORIZONTAL con mesa y silla adaptadas a la altura del niño. La hoja sobre la cual el niño se va ejerciendo descansa sobre la mesa, plano horizontal. Para acceder a ella el niño debe sentarse. Esta posición que llamo *la postura sentada del alumno*, contrariamente a aquella que exige el plano vertical, oprime su sistema nervioso, especialmente vulnerable en esta edad. La parte inferior del cuerpo permanece inmóvil en la silla y la mesa lo encierra. Sólo pueden moverse el tronco y los brazos en una edad en que se está descubriendo el propio cuerpo. La postura sentada acaba pronto convirtiéndose en una opresión; un sufrimiento del cual se liberará, de una manera o de otra, tarde o temprano. La posición sentada correcta requiere que la altura de la silla esté adaptada a la del niño; los pies deben estar completamente apoyados en el suelo y las piernas dobladas en ángulo recto. En cuanto a la altura, la mesa debería llegar al nivel de los brazos cruzados debajo del pecho. Si la silla es demasiado alta (los pies se quedan colgando en el aire) o demasiado baja (los pies quedan doblados debajo de la silla), el cuerpo se vence hacia adelante; la columna vertebral deja de encontrar apoyo en el espaldar (Fotos 5 y 6). El niño se mueve para compensar el desequilibrio. Pronto llega el cansancio, la inestabilidad. En el plano horizontal, el brazo permanece doblado; la parte delantera hasta el codo descansa; el niño se puede concentrar en dos áreas (la mano y el antebrazo). Entonces la pinza puede funcionar con una amplitud de movimiento limitada a la de la extensión de la muñeca. Un soporte tamaño 21x27 sería el idóneo, así como una herramienta de punta fina (lápiz, lápiz de color, rotuladores finos, bolígrafos, y demás).

Foto 3: *grafismo sobre soporte inclinado;* Foto 4: *grafismo sobre sopporte vertical ningun apoyo*

Fotos 5: *silla adaptada, mesa demasiado alta.* F6: *silla y mesa demasiado altas, inestabilidad corporal*

LA PIZARRA NEGRA DE LA MAESTRA, independientemente de lo grande que sea, es el receptor más codiciado, y lo seguirá siendo más allá de la Escuela Infantil. La pizarra de la Seño tiene magia.

El niño puede dibujar en ella lo que se le antoja, y, con un solo movimiento borrarlo todo. Rápidamente entiende el milagro de la desaparición del dibujo, disfruta con ello y lo repite cada día.

Aquí me lo permiten. De este modo se libera de algunos miedos, miedo a hacerlo mal o a no hacerlo lo suficientemente bien, miedo a las obligaciones, aún poco o mal integradas.

Imita a la maestra, un juego de rol que libera de ciertas tensiones, permite reconsiderar las prohibiciones y, además, ayuda a integrar palabras nuevas.

Borrar con una esponja o con un trapo, un juego nuevo, mágico y físico. Aquí no hay presiones, el niño es libre y dueño del juego.

La pizarra debe seguir siendo un soporte para la expresión y no un tablón de anuncios para el maestro (Foto 7).

Herramientas y soportes: Hoy día la variedad de soportes permite al niño elegir el color, la forma y el tamaño de su hoja. Al maestro le incumbe proponer una selección o poner a disposición del niño soportes de diferentes colores, formas, tamaños, texturas. También existe una amplia selección de lápices, lápices de colores, rotuladores finos, bolígrafos, carboncillos, tintas.

Algunos maestros, muy oportunamente, ponen a disposición del niño hojas redondas, cuadradas, rectangulares, triangulares, en forma de huevo, de flor, de estrella u otras, cuando el niño está en la fase de descubrimiento de estas formas. El niño, sutilmente interpelado, memoriza mejor el nombre de aquellas formas que ha elegido.

Lo experimentado fructifica a gran velocidad.

Foto 7: *pizarra convertida en tablón de anuncios*

La pizarra debe seguir siendo un soporte para la expresión y no un tablón de anuncios para el maestro.

II EL MOVIMIENTO DE LA ESCRITURA

Coger un lápiz y sujetarlo para dibujar o escribir requiere la intervención de tres dedos: el pulgar, el dedo medio y el índice. A imagen de la herramienta, llamamos pinza esta organización.

FORMACIÓN DE LA PINZA: tocándose por los extremos internos, el dedo medio y el pulgar forman una superficie ovalada hueca dentro de la cual descansa el lápiz; el índice se inclina hacia abajo y fija el lápiz sobre esa superficie, cerrando así la pinza. A continuación, se conseguirá un ajuste más fino entre los tres dedos (fotos 8 y 9).

La precisión de esta organización queda evidente si nos fijamos en las huellas de los dedos de las guías de sujeción del lápiz. Cada impronta de huella se distingue de las demás, puesto que cada dedo ocupa un lugar y una función específica (fotos 10 y 11).

ESCRIBIR, UN MOVIMIENTO COMPLEJO: para que funcione, la pinza debe estar firme, la muñeca muy suelta y ágil, las partes del brazo libres. La amplitud de la pinza es la distancia que recorre el lápiz desde la posición más baja de la pinza (repliegue hacia la parte inferior de la hoja), hasta la posición más alta (extensión de la pinza hacia la parte superior de la hoja).

Para un adulto, la amplitud es de unos cinco centímetros. La mano se gira en torno a la articulación, en función del movimiento de la pinza, mientras que el antebrazo dirige los desplazamientos sobre el soporte. El resto del miembro, hasta la clavícula, también participa.

La parte inferior del cuerpo y la columna vertebral se mantienen en posición sentada, siendo la inmovilidad necesaria para la precisión del movimiento de la escritura. Pero la inmovilidad no puede durar demasiado. El niño con esta edad no controla su cuerpo ni, claro está, su consciencia del mismo.

Cualquier exigencia de inmovilidad prolongada o repetida, incapaz de ser soportada por el sistema nervioso del niño, acaba pronto convirtiéndose en malestar y, al final la vivirá como fracaso. Los niños que se obligan a sí mismos a complacer a los adultos, se liberan en otros momentos de esa sobrecarga de sufrimiento nervioso.

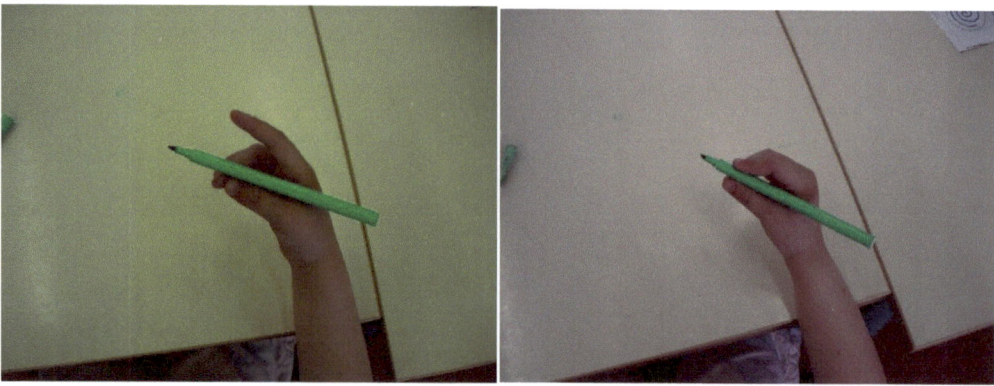

Fotos 8 y 9: *formación de la pinza*

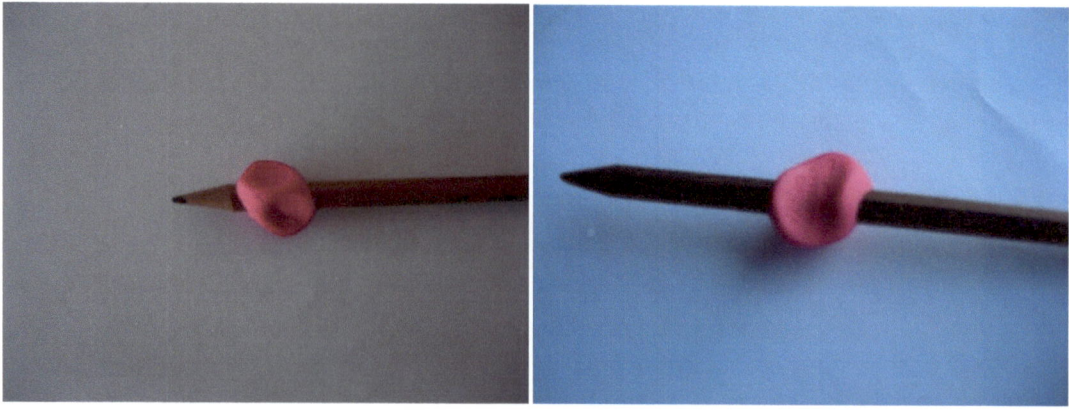

Fotos 10 y 11: *huellas del índice y del pulgar; huella del dedo mayor*

EL GRAFISMO

¿En qué consiste el grafismo en la Escuela Infantil?

Llamamos grafismo al dibujo realizado con herramientas de punta fina que obligan al autor a trazar sólo líneas. Dicho con otras palabras, el colorear, el relleno de superficies con lápices de punta gorda, no es grafismo. Un grafismo acabado puede ser realizado mediante numerosas técnicas que incluyen el relleno de superficies; lo cual no debe alterar el trazado primero.

Hay tres formas de proceder: dejar al niño libre en sus dibujos, hacerle sugerencias o imponérselos.

El diseño inmoviliza el cuerpo; habrá por lo tanto que colocarlo entre dos actividades que lo liberen mediante el movimiento. Por ejemplo: entre una sesión de psicomotricidad y el recreo (horario).

I- EL GRAFISMO LIBRE

El grafismo es libre cuando no se impone ningún requisito (a excepción de los inherentes a la propia actividad). Los requisitos inherentes a la actividad son numerosos: elegir un plano, conseguir encontrar una hoja y lápices, abrir la cartera, sacar de ahí un rotulador, destaparlo, dibujar, volver a colocar el capuchón en el rotulador que le corresponde, volver a ponerlo en la cartera, devolverlo todo al lugar donde se guarda; una concatenación de más de tres acciones en un determinado orden. Los más pequeños empiezan imitando a los mayores y llevando a cabo lo que estos hacen.

En sus intentos, se muestran más preocupados por repetir las acciones en su orden que en el dibujo en sí. Necesitan practicar en plena libertad.

La autonomía que se le da al niño, en su justa medida, le permite no solamente tomar la iniciativa de la actividad, sino también ajustar para sí mismo todos los requisitos inherentes a esta actividad. Tanto aquí, como para el lenguaje, el tiempo para poder integrarlo es importante. El respeto que le muestre el adulto en estos momentos tan importantes será lo que despierte en él la toma de iniciativa y el deseo de escribir. Los padres eficaces, se dirigen directamente al niño, buscando su escucha activa sin mayores exigencias inmediatas para, después, expresar su alegría, cuando el hijo retoma por su cuenta las mismas palabras y frases y las aplica de manera oportuna. Entonces, crece la confianza del niño en sí mismo, se siente valorado; a su vez, disfruta y desea repetir; el estímulo parental ha sido eficaz.

Lo mismo ocurre con el grafismo libre, anterior al grafismo orientado, y con la escritura. Al dibujar como él quiere, el niño aprende a orientarse en el espacio de la hoja y a controlar su motricidad fina, del mismo modo que aprende a orientarse en el lenguaje del adulto antes de decir sus primeras palabras.

Entrenamiento sin restricciones: El niño sabe que puede dibujar libremente cuando llegue y cuando tenga libertad para poder elegir una actividad, además de los tiempos que vengan marcados por el horario de clase. Una vez superados los requisitos de la actividad, el niño domina mejor el orden y el almacenaje. Entonces elige la actividad gráfica por el grafismo en sí, para avanzar en el perfeccionamiento de su motricidad fina y en la precisión de su trazo. El docente valora entonces el resultado y ya no sólo el conjunto de las acciones. Al pequeño alumno, le va pidiendo progresivamente y de una manera adaptada, más cosas para conducirlo directamente al éxito.

Expuestos en la pizarra, el grupo y el maestro, observan y critican los dibujos, aportando datos para perfeccionar los logros. Así, el dibujo libre se enriquece con los demás y se convierte en pequeñas obras hermosas.

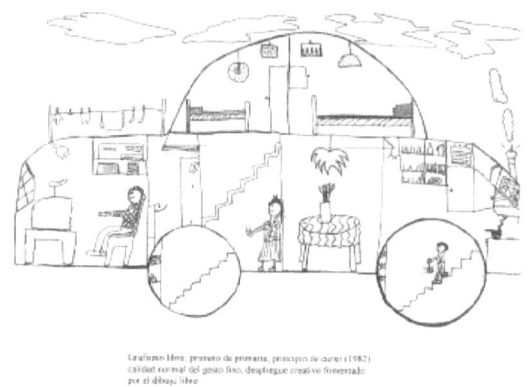

Grafismo libre, *primero de primeria, principio curso (1982); calidad normal del gesto fino; despliegue creativo fomentado por el dibujo libre.*

Grafismo libre, *junio 2007; zurdo de niveles superiores; comentario lleno de sensatez bajo forma de historia completa*

II- GRAFISMO SUGERIDO

Sea cual sea la situación, siempre es el adulto el que hace progresar al niño proporcionándole nuevas informaciones; en este caso, las técnicas del grafismo. El primer modo de intervención consiste en retomar la técnica (o el boceto) que el niño ha descubierto y hacerla extensiva al grupo.

Vamos a mirar los dibujos puestos en la pizarra, veamos lo que Miguel ha hecho aquí. ¿Quién podría decirlo? ¿Quién sabría hacerlo?

Los comentarios de los niños se convierten en un modo de explicar la nueva técnica; el maestro completa y concluye. La integración del nuevo estilo pronto aparece en los dibujos de los días siguientes. Esta nueva técnica, extensiva a todos, se convierte en elemento de comparación. Los niños comparan su dibujo, se comparan entre sí. Esto se convierte en un nuevo estímulo para su esfuerzo (*yo también sé hacerlo*) y de paso, con este nuevo aplauso, el movimiento de la escritura seguirá mejorando. Los demás también hacen progresar al niño; esto también es socialización. Los padres quedan admirados ante los dibujos de los niños expuestos en los pasillos, en la sala de juegos, en el hall de entrada. Realmente, se han esforzado mucho y este es un nuevo estímulo para los niños.

Técnicas gráficas: ejemplos tomados del libro: *El violín sin cuerdas* realizado por la Escuela Infantil J. Jaurès de Libercourt CRDP Lille 1987.

Las obras de grandes maestros (como Klimt, Kandinsky, Miró y otros) son fuente de inspiración (crear al estilo de) para los docentes y también para sus pequeños alumnos que manifiestan su sensibilidad antes tales obras.

Se puede realizar el dibujo acabado mediante técnicas de relleno de los espacios restantes, con lápices de punta fina. El objeto dibujado y su embellecimiento se convierten, ambos, en grafismo (ver fotos 12 y 13 dibujos tomados del libro *el violín sin cuerdas*).

Existen numerosas técnicas de relleno. La técnica del contorno consiste en rellenar el espacio que rodea el dibujo siguiendo la forma global del objeto dibujado. Las técnicas de división del espacio que queda alrededor del dibujo, así como los diversos modos de rellenarlo, pueden ser de lo más variado. Los frisos son repeticiones de una celda a lo largo de una o varias líneas hasta completarlas. La técnica de la barrera consiste en rellenar el espacio con líneas paralelas, todas orientadas en la misma dirección. Se la puede intensificar, y entonces las líneas paralelas se dibujan en dos direcciones opuestas. Relleno con una determinada forma: se pacta con el niño una determinada forma para rellenar una parte del dibujo. Es muy conocido el ejemplo del circulito o de la pequeña línea como entrenamiento para la escritura. Cuando el niño conoce ya las técnicas, el maestro puede proponerlas. El niño se familiariza con este nuevo modo de proceder. Para niveles superiores, él mismo elige sus técnicas.

Fotos 12 y 13: *grafismos elaborados con ayuda de la maestra, mayores 1987 (tomados del libro" El violín sin cuerdas"*

III- GRAFISMO DIRIGIDO O IMPUESTO

El grafismo es impuesto cuando el niño ya no puede elegir el dibujo.

Un ejemplo famoso: la hoja en forma de huevo que se reparte a todos los niños por Pascua. Se debe rellenar cada espacio de la hoja según un modelo específico, impuesto. Todas las producciones serán las mismas, sólo la destreza del autor las diferenciará (foto 14).

El niño pasa poco a poco del grafismo libre al grafismo dirigido; del movimiento libre al control obligado del movimiento. El tamaño del modelo y el espacio reservado a la copia deben seguir una progresión. El docente atento exige progresivamente el relleno de todo el espacio hoja. Las técnicas que va transmitiendo ayudarán a ello. Se trata de una pedagogía que invita a llegar hasta la meta de la actividad emprendida, a terminar una tarea en varias sesiones, a ir aumentando gradualmente el tiempo de concentración, a evitar despilfarro de papel. Hasta entonces, libre con su dibujo, el niño no se había enfrentado a la dirección de la hoja. Con el grafismo dirigido, debe respetar la dirección de la página y la de la línea. Fotos 15, 16, 17.

Foto 14: *dibujo impuesto*　　　　　　　　Foto 15: *modelo de la maestra*

Fotos 16 y 17: *dibujo impuesto según el modelo foto 15*

IV CUADRO COMPARATIVO DE LOS GRAFISMOS

Grafismo libre	Grafismo dirigido	Copia escritura
Libertad para dibujar el objeto	Imposición del objeto a dibujar u objeto ya dibujado	El objeto es la letra
Libertad de organización en la hoja	Posible imposición de la línea	Imposiciones: las líneas y el orden encima de las líneas
Libertad de amplitud para la pinza	Posible imposición de la amplitud de la pinza	Imposición de la amplitud: movimiento limitado
Creatividad estimulada, realización personal	No hay creatividad: todas las producciones se parecen	No hay creatividad: mismo texto para todos
Aspecto estético y único de la obra	El aspecto estético puede salvarse (colores)	Ya no se embellece nada
El aspecto lúdico se mantiene	Aspecto lúdico va desapareciendo; aspecto escolar toma más importancia	Aspecto lúdico inexistente; aspecto escolar dominante; corrección, calificación, sanción
Fácil de valorar	Más difícil de valorar individualmente	Ejercicio valorado en términos de bien o mal; el aspecto atractivo ha desaparecido
Se respeta el ritmo personal	Difícil de respetar el ritmo de cada uno	Se tiene en cuenta el tiempo; los más lentos son penalizados
La actividad en sí misma es una motivación; la creación es, en sí misma, un éxito	Motivación orientada hacia el otro: agradar al adulto, a la maestra	Se confunde motivación con el objetivo(correspondencia); riesgo de desaliento, incidencia en el sistema nervioso, fracaso.

DIRECCIONES DE LA ESCRITURA

Las direcciones de la escritura son una clave de acceso para la escritura y la lectura.

LA DIRECCIÓN DE LA PÁGINA: *de arriba a abajo*

Al niño, hay que decírselo, repetírselo, volvérselo a decir, siempre con tono positivo, constructivo y motivador, acompañando con el movimiento, con un cuento o un aire de música.

La dirección de la página es *desde arriba hacia abajo*. La parte de arriba de la página es el principio, la parte de abajo de la página es el final.

El signo es: ↓

La dirección de la línea: *de izquierda a derecha*

Decírselo, repetírselo y volvérselo a decir, siempre con alegría para que el niño mantenga su motivación; acompañar con el movimiento también ayuda.

La dirección de la línea es *de izquierda a derecha*. El comienzo de la línea siempre se halla a la izquierda, el final de la línea, a la derecha.

El signo es: →

La página de escritura tiene, pues, una doble dirección, de arriba a abajo y de izquierda a derecha; empieza en la parte superior izquierda y termina en la parte inferior derecha. Por lo tanto el signo es: ✛

Todos los documentos que se propongan al niño deben llevar este tipo de signo u otro, como punto de referencia, en la parte superior derecha.

El orden del escrito viene también del orden del lenguaje hablado. Las nociones de orden de la página se aplican al texto escrito y se vuelven a encontrar tanto en una frase como en una línea, así como en una palabra y hasta en un fonema.

Las mayúsculas de imprenta: A-B-C-D-E-F-G-H-I-J-K-L-M-N-Ñ-O-P-Q-R-S-T-U-V-W-X-Y-Z

Las minúsculas: a-b-c-d-e-f-g-h-i-j-k-l-m-n-ñ-o-p-q-r-s-t-u-v-w-x-y-z

Las cursivas *a-b-c-d-e-f-g-h-i-j-k-l-m-n-o-p-q-r-s-t-u-v-w-x-y-z*

¿Qué representan estas líneas para un niño de párvulos?

Detrás de cada una de estas letras o del conjunto de ellas ¿cuánto conocimiento concreto suyo puede poner el niño?

Estas letras, símbolos que permiten codificar la lengua hablada, no representan nada concreto para el niño en búsqueda de elementos tangibles y que, ahora, sólo está descubriendo cómo hablar. Sin embargo, poco después del decreto de septiembre de 1990, en todas las clases de párvulos, se ha colocado en la pizarra, el alfabeto en tres filas y tres estilos: mayúsculas de imprenta, minúsculas, escritura cursiva. La pizarra, el soporte para la expresión del niño, se ha convertido de golpe en el panel de presentación del maestro.

La pared entera se ha llenado de escritos, dejando de lado lo que es más importante para el niño, sus producciones (fotos 18, 19, 20 y 21).

Para dar a conocer las espinacas ¿acaso hay que sacarlas en cada comida, con qué riesgos?

¿Acaso llevamos escrito nuestro nombre en nuestra persona?

Todas las paredes se han llenado de escritos sin sentido para los niños de infantil que buscan sus producciones.

LAS LETRAS

I- LAS MAYÚSCULAS

Las mayúsculas se utilizan en publicidad para realzar una palabra, un título, la portada de un libro o de un periódico. Son parte de nuestra vida cotidiana. Observar estos signos y decirle al niño que este tipo de letras no sirven en la escritura corriente, esto sería respetarlo. Las mayúsculas no se utilizan en la escritura corriente.

Si para la imprenta esta escritura presenta la ventaja de atraer la mirada, existen inconvenientes:

Todas las mayúsculas están situadas por encima de la línea; ejemplo: FELIPE.

Todas las letras tienen el mismo tamaño. El ojo, pues, ni se va entrenando a discriminar tamaños, ni a tomar referencias (por encima, por debajo de la línea); lo cual puede causar posteriores confusiones.

Algunas letras varían mucho de la escritura cursiva o script, y esto puede perturbar:

Ejemplo: M-N-E-G / m-n-e-g (Myriam)

Las mayúsculas de imprenta están hechas principalmente de ángulos, agudos y rectos, fuera del alcance del niño hasta los cinco años y nueve meses según las investigaciones llevadas a cabo sobre unas muestras de niños de Escuela Infantil.

Investigaciones sobre las formas geométricas, hechas a partir de dibujos de niños de la Escuela Infantil (que encontramos resumidas en la EACE, escala de admisión al primer nivel) sacan a la luz una secuencia en la aparición de estas formas.

Se domina el cuadrado después de los 5 años; el rombo después de los 7 años, en un 75% de los casos.

Nos lo está mostrando el niño; desde el garabato hasta llegar al hombrecillo evolucionado, prácticamente no aparece en los dibujos espontáneos del niño, la forma del ángulo antes de que haya subido a los niveles medio.

II- LA ESCRITURA SCRIPT MINÚSCULA

También denominada escritura "círculos y palos", porque cada letra puede ser analizada en base a las formas del círculo y del palo. Ejemplo: b: un palo largo y un círculo adosado.

Los círculos son todos pequeños; los palos son de dos tamaños: grandes o pequeños:

a-b-c-d-e-f-g-h-i-j-k-l-m-n-ñ-o-p-q-r-s-t-u-v-w-x-y-z

Esas letras de dos tamaños, siendo la primera el doble de la otra, ayudan al niño a tomar referencias por comparación: l-i

Las pequeñas sobre la línea: a-c-e-i-m-n-ñ-o-r-s-u-v-w-x

Las grandes por encima de la línea: b-d-f-h-k-l-t

Las grandes por debajo de la línea: g-j-p-q-y-z

La combinación de estos tres factores es lo que permite que el niño entienda la linealidad de la escritura, es decir, la organización en línea, incluso cuando la línea no esté trazada. Los más pequeños nos muestran que han entendido esto cuando están imitando la escritura dibujando una línea quebrada.

Por eso, el niño de la Escuela Infantil no necesita línea para escribir. Imponerle la línea supone un esfuerzo añadido a las dificultades que, de por sí, entraña el control de la motricidad fina.

Imponer la línea divide el espacio y, por lo tanto, el movimiento de la escritura; el niño, pendiente de la línea, concentra su movimiento y su atención en esa línea.

Las letras, separadas unas de otras, permiten una pequeña pausa en el movimiento y, por lo tanto, un tiempo de descanso entre dos letras. Esta pausa, importante, permite la orientación en el espacio antes de iniciar cada letra. El gran problema para cualquier niño, sea cual sea el tipo de escritura, es: ¿dónde posar el lápiz? ¿Por dónde empezar? La primera letra, en el vacío del espacio es la más difícil; servirá de punto de referencia para las demás; la última será la más fácil. La maestra es la que le indica cómo se accede a esa primera referencia, dónde posar el lápiz. La parada entre dos letras ayuda a captar en qué dirección debe hacerse el movimiento de la escritura, dependiendo de si la letra empieza por un círculo o un palo: para trazar un palo, es decir una línea vertical, una vez establecido el punto de inicio, basta con apoyar el lápiz y bajar; *apoyar el lápiz y bajar*, y no al revés; esta es la Regla nº 1 (válida para cualquier tipo de escritura).

Regla nº 2: para trazar un círculo: *apoyar el lápiz, girar hacia la izquierda y volver al punto de inicio para cerrar la forma*; y no al revés. Cuando se conocen estas dos reglas, se ha hecho un importante trabajo de adquisición de hábitos en motricidad fina.

Detenerse en cada letra ayuda también a captar la dirección de la secuencia de las letras (izquierda - derecha) y su orden en la línea. La memoria aquí también aprovecha para ir grabando.

Detenerse en cada letra permite al niño captar cada letra en su globalidad, reconocerla; cada letra en cuanto unidad con un principio y un final, una ventaja que no permite la escritura enlazada. ¿Dónde empieza la letra w en *Gwendoline* para el niño que aún no conoce ni las letras ni la escritura enlazada?

La escritura script minúscula, más parecida a la escritura cursiva, obviamente, representa un entrenamiento para la escritura enlazada.

III- LA ESCRITURA ENLAZADA

Esta escritura, que requiere una instrucción metódica y regular, reúne todas las restricciones anteriormente expuestas; es inaccesible antes de los 6 años. Con entrenamiento y tiempo, se personaliza. Es la escritura corriente; se presenta de la siguiente forma:

Todas las letras están enlazadas, y esta continuidad requiere un movimiento de la escritura, una amplitud determinada y regular de la pinza. Los tres tamaños de las letras obligan a ajustar la amplitud. Las tres posiciones: sobre, por encima, por debajo de la línea: las pequeñas se mantienen sobre la línea (a-c-e-i-m-n-ñ-o-r-s-u-v-w-x); las medianas suben o bajan de dos interlineas (d-g-j-p-q-t-y-z); las grandes suben de tres interlineas (b-f-h-k-l).

En Francia, la escritura cursiva exige la organización de la página en grupos de cinco líneas, siendo la línea de base la más pronunciada.

Sin embargo, en el primer nivel, el entrenamiento también se hace utilizando dos líneas, teniendo en cuenta la dificultad que supone el coordinar todos los elementos involucrados.

¿Basta el conocimiento de una única disciplina para la docencia?

El licenciado en matemáticas o en historia ¿está capacitado para ejercer el oficio de maestro en una escuela Infantil? La Enseñanza requiere un mínimo de conocimientos del niño. El observar al niño es y sigue siendo, desde los albores de los tiempos, una muy buena escuela.

OBSERVACIÓN DEL NIÑO A TRAVÉS DE SUS PRODUCCIONES LIBRES

I LAS PRIMERAS FORMAS DEL TRAZADO

Al observar los dibujos de los niños desde el primer curso de Infantil hasta la entrada en Primaria, podemos comprobar que todos los dibujos de los niños de la Escuela Infantil siguen la misma progresión. Aparecen tres grandes etapas en el dibujo libre: el garabateo, el muñeco renacuajo, el monigote completo. Hoy en día, sólo encontramos el monigote de perfil en escasas ocasiones.

II EL GARABATEO

Las líneas curvas abiertas, desordenadas y, a menudo concéntricas, que llamamos *garabateo* son el resultado de una motricidad fina no controlada. No se ha tenido en cuenta ni el principio ni el final del movimiento de la escritura. La muñeca y el antebrazo permanecen unidos. El brazo y el hombro implicados se cansan muy pronto, el niño se detiene.

III EL MUÑECO RENACUAJO

De este caos emerge la primera forma circular, cerrada con torpeza o todavía abierta; hecha de varios trazos o de uno sólo. Hasta entonces todas las líneas se superponían y entremezclaban de un modo anárquico; así que el primer círculo o forma ovalada, *la unidad*, llame la atención en medio del garabateo. Es portador de la voluntad del niño de hacer algo; un todo dentro de un trazado borroso. El considerable esfuerzo por llevar de vuelta el lápiz a un punto concreto (el punto de salida) entraña muchos mensajes.

El niño nos dice que es capaz y que es consciente de terminar algo; un notable avance en el movimiento de la escritura, un paso hacia la toma de conciencia de su acto.

¿Nacimiento de la representación de sí mismo? ¿Inicio de la toma de consciencia de ser un individuo ya completo?

Foto 23: *esbozos de monigotes renacuajos de Anaïs, 3 años. Dibujo libre a petición suya. En la parte izquierda, las dos paralelas oblicuas son los miembros del renacuajo*

Algo ha cambiado en el niño que aún seguirá garabateando, pero que ya no retrocederá. Ha superado una importante etapa, el niño sale del caos.

Los esfuerzos se van sucediendo, se añaden dos palos al círculo, y ha nacido el muñeco renacuajo. El niño, que ha hecho repetidos esfuerzos de precisión para lograr un círculo y dos líneas rectas, nos dice que es capaz de trazar líneas curvas (círculos) y rectas (palos).

Felicitaciones, comparaciones con los dibujos de los demás, y más detalles que se van añadiendo: los ojos, la boca, el pelo, los brazos, líneas curvas y líneas rectas.

El muñeco renacuajo enriquecido es típico del final de primero de Infantil. (Fotos 23 y 24).

Foto 24: *esbozos de monigotes renacuajos de Anaïs, 3 años. Dibujo libre a petición suya.*

IV EL MONIGOTE

La siguiente etapa, importante, la del añadido del vientre, depende también de la toma de consciencia de esta parte del cuerpo desde las sesiones de psicomotricidad. Se añade otro círculo al primero y surge el monigote completo. El trazado adquiere nitidez; las superposiciones o las salidas de línea disminuyen; el movimiento de la escritura mejora con rapidez. El niño dibuja los detalles de la cara, de las manos y de los pies.

Nos está diciendo con esto que es capaz de una mayor precisión en el acabado de la primera forma (el círculo) y que va adquiriendo la noción de comienzo (después de la de final); lo notamos en la precisión del trazado.

V EL MONIGOTE COMPLEJO

El movimiento adquiere cada vez más precisión, el niño consigue hacer unos trazados únicos en lugar de varios más pequeños. Integra brazos y piernas al hacer el busto. Distingue niñas y niños por detalles de cabello, ropa, añade el sexo.

El monigote completo del niño de nivel más alto, enriquecido con elementos corporales, prendas de vestir, se dibuja a menudo en acción para los niños y desde la estética para las niñas. Al final de este nivel deberían aparecer los perfiles.

Se ha tenido en cuenta el principio y el final del movimiento fino; está asentándose esta noción (de principio y de final), que yo llamo noción de origen.

La evolución del dibujo y del monigote está en relación con la toma de consciencia del cuerpo, de ahí la importancia de respetar la expresión del niño en la actividad gráfica.

Observar dibujos de monigotes en unos libros, catálogos o álbumes de niños, ayuda y enriquece. Imponer un dibujo de monigote sería faltar a la prudencia. El niño percibe un dibujo impuesto como un modelo que tendrá tendencia a reproducir para complacer al adulto; entonces la expresión personal se detiene; el niño copia el modelo del adulto minusvalorando su creación personal.

La pedagogía tiene también por objetivo el de realzar el valor de cualquier dibujo personal en cuanto diseño único y creativo; incentivo para seguir, afirmarse, llegar a ser creativo, autónomo, etc.

Por otra parte, si el ejercicio no está al alcance del niño ¿de qué sirve obligarlo sino para trastornarlo?

La pedagogía requiere colocar al niño en situación de éxito.

Foto 25: *grafismo libre, monigotes de niños medianos*

Foto 26: *primera escritura de Anaïs, 3 años dibujo libre a petición suya; dice a su abuela "escribo sola".*

VI PRIMERA TOMA DE CONSCIENCIA DE LA ESCRITURA

La aparición del primer círculo es muy nítida y característica de la evolución del niño; paralelamente y con la misma edad, empiezan a distinguirse, mezclados con el garabato, unos trazos organizados en línea recta, cuya amplitud es pequeña pero bastante regular.

Comentario del niño: *he escrito aquí.*

El niño imita al adulto. Mediante esta imitación personal y espontánea, nos está diciendo lo que ha entendido de la escritura: que se trata de una organización en línea (esta línea no es solamente horizontal) y que la amplitud es regular. En la mayoría de los dibujos, el trazado consiste en una línea quebrada cuya amplitud es más o menos regular; excepcionalmente, podemos encontrar pequeñas formas redondeadas más parecidas a letras. Estos trazados de imitación carecen de varias nociones: su lugar en el orden de la página (les referencias de la página, arriba, abajo, no se han adquirido); su organización en la dirección de la línea (de izquierda a derecha); la noción de principio y de final (cada línea, cada frase, cada palabra, tiene un principio y un final); la noción de sucesión, la noción de orden de las letras que componen la palabra. A partir de estas carencias, adivinamos la tarea que habrá que programar. En primer lugar, estas nociones de espacio se presentarán en situaciones vividas en el espacio, durante las sesiones de psicomotricidad; después, la primera simbolización se hará en el plano, sobre la mesa, con pequeños juegos. Las situaciones vividas en relación a las matemáticas y al lenguaje son los ejemplos más interesantes. La situación, por fin, se podrá plasmar sobre el papel.

CAMINANDO HACIA LA ESCRITURA A PARTIR DE ESTAS INFORMACIONES

La preparación para la escritura involucra a todas las asignaturas del currículum escolar diario. Se trata de simultanearlas y de adaptar.

¿Cuáles son estas actividades?

El grafismo: libre, sugerido o impuesto, cercano a la escritura, el grafismo es una actividad que educa la motricidad fina, ayuda a estructurar la página (véase el capítulo II sobre el movimiento de la escritura).

La actividad de pintura: igualmente.

La psicomotricidad: proporciona las referencias del espacio y del plano; la línea y la fila se viven.

Los juegos de rol de sobre mesa: son un entrenamiento al dominio de la línea que el niño mismo construye: juegos educativos, juegos de codificación-descodificación, juegos sensoriales, juegos de discriminación, juegos de imitación, juegos de matemáticas, etc. El juego de rol de sobre mesa, que el niño elige, facilita la representación mental de la situación y por lo tanto, la reflexión y la memorización.

Las sesiones de lenguaje: el vocabulario exacto, retomado a lo largo de todas estas actividades, permite la integración y la memorización de todas estas nociones de orientación y de orden.

I LAS ORIENTACIONES QUE OFRECE LA PSICOMOTRICIDAD

Las situaciones vividas son la materia prima sobre la cual se edifica la inteligencia humana. Piaget

La preparación a la escritura empieza en el espacio e implica al cuerpo entero.

Antes de orientarse en el área de la página o en la línea, el niño busca, de manera natural, orientarse en el espacio, jugando por ejemplo, al escondite. Además, igual que lo hace el adulto, se va entrenando para ocupar el espacio porque conocer el lugar tranquiliza y, por otra parte, el espacio pertenece a quién lo ocupa. Este aprendizaje, así como cualquier otro, pasa por la experiencia. Por consiguiente, todas las orientaciones para la escritura (en la página, en la línea), se viven en el espacio.

ORIENTACIONES EN EL ESPACIO: para el niño, se trata de orientaciones concretas.

Un espacio se caracteriza por sus límites. El aula o la sala de juegos están limitadas por sus paredes, puertas, ventanas.

Antes de cada sesión de psicomotricidad, la maestra indica a sus alumnos cuáles son los límites del espacio en el cual se moverán. Estos límites son los primeros elementos de orientación del niño, y pueden ser naturales (paredes, puertas, ventanas) o materializados por objetos (bancos, cuerdas, alfombra), o también trazados (tiza).

El espacio puede variar de tamaño (grande, pequeño) o de forma (rectangular, circular...); sin embargo, para no añadir más elementos perturbadores al inicio del curso escolar, conviene que, para los más pequeños, siga siendo el mismo durante un mes o un par de meses.

Para orientarse en un espacio, el niño trata de conocerlo y, por consiguiente, de ocuparlo de forma espontánea.

Las sesiones de psicomotricidad están diseñadas de este modo, para que se tenga que ocupar un determinado espacio.

La maestra pide que se ocupe el espacio, los niños lo invaden. A la señal, deben pararse para observar dónde se encuentran, orientarse en relación a los límites o a los objetos, o en relación al otro. El lenguaje que subyace de su posición ayuda a la memorización y a la representación mental. El vocabulario para la orientación es concreto: cerca de, lejos de, al lado de, enfrente de, delante, detrás, encima, en medio, en el centro, en una esquina (según la forma del espacio), a lo largo de, debajo, por debajo, dentro, por dentro, al interior de, fuera, afuera, al exterior, entre, el primero, el segundo, el último, antes, después, justo antes, justo después, entre los dos, arriba, abajo, al principio, al comienzo, al final, parado, etc. La presencia de material en el espacio, como un tobogán, permite la introducción de los siguientes términos: alrededor de, en torno a, dentro, fuera, al interior, al exterior, etc.

Nota: El espacio desconocido inquieta a los pequeños, recién escolarizados y todavía escasamente autónomos; algunos se niegan a jugar, otros siguen a un líder. Los niños se amontonan en una esquina.

La maestra anima a ocupar todo el espacio indicando los sitios vacíos, aquellos donde no hay nadie. Pide soluciones: *¿cómo podemos hacer para que haya niños por todas partes? ¿Quién puede ocupar este sitio en el espacio? ¿Por qué Remi y no otro?* El niño está en el centro de la experiencia.

Se repite este ejercicio cuantas veces sean necesarias en las mismas condiciones materiales para evitar cualquier dificultad añadida.

La ocupación y la liberación del espacio también ayudan al niño en su autonomía, y frente al inicial temor a lo desconocido.

EXISTEN DIFERENTES MANERAS DE OCUPAR EL ESPACIO:

Solo: cada niño se mueve solo en un espacio dado, para explorar orientaciones y direcciones.

En grupo de dos o de varios: los niños van a ocupar el espacio, juntos, en grupo de dos y después de tres; así descubren la línea y la fila.

Con o sin soporte rítmico: descubren los ritmos básicos.

Con participación de alguna parte del cuerpo: descubren el esquema corporal.

Con material individual o colectivo: se adaptan, coordinan sus movimientos, trabajan la continuidad en un recorrido.

Son muchas las combinaciones; en todas las situaciones señaladas, la maestra utiliza una progresión lógica que lleva al niño de lo fácil (lo que conoce) a lo menos fácil (lo que está a punto de descubrir). Ha adaptado su lenguaje, estudiado y ordenado sus preguntas, caminando así en el sentido de esta progresión. Cada sesión requiere una preparación.

OCUPACIÓN DEL ESPACIO EN SOLITARIO

Se invita a los niños a que ocupen el espacio en solitario, por ejemplo caminando, y a que respondan a la señal de la maestra parándose (por ejemplo, con una palmada). Descubren que el espacio se va ocupando a medida que se va avanzando, es la marcha hacia adelante; si se retrocede, es la marcha hacia atrás; la marcha hacia un lado o hacia otro, la marcha lateral, si se hace de izquierda a derecha, etc. Existen muchos juegos cantados que indican la dirección de la marcha (por ejemplo, *érase una granjera*).

La maestra se ha estudiado las preguntas para plantearlas según la progresión habitual, que conducirá a los niños de lo conocido hacia lo que aún ignoran. En primer lugar, les proporciona el lenguaje: *¿quién está cerca de la puerta? ¿Quién está cerca de la ventana? ¿Qué hay cerca de ti?*

Tras varios ejemplos, habla del significado de *cerca de* en función de la distancia que hay entre el niño y el objeto, la posibilidad o no de alcanzar el objeto; el significado de *cerca de* está en relación con *muy cerca de* y *lejos de*, su contrario (el significado de una palabra también puede definirse por su contrario). Los niños reanudan nuevamente su conquista del espacio y, a la nueva señal, se les hacen preguntas relacionadas con su contrario: *lejos de*.

Tras varias paradas, la pregunta pasa a ser general; excluye los términos nuevos: *¿dónde te encuentras?* Le tocará al niño contestar utilizando estos nuevos términos.

Para ser adquiridas, estas nociones necesitan repeticiones y tiempo; la psicomotricidad es una actividad diaria. El niño, por propia iniciativa, también lo repite con los juegos de rol de sobre mesa. A medida que el niño integra las nociones que está estudiando, se le irán proponiendo otras nuevas.

¿Cómo sabe la maestra si el niño lo ha entendido y memorizado? Ella interroga individualmente.

Si las respuestas de la mayoría de los niños, en la acción y la palabra, son correctas repetidas veces seguidas, la maestra considera que puede avanzar en su programa, conservando lo que acaba de ser adquirido; sin embargo, el niño puede responder correctamente cuatro veces seguidas y equivocarse la quinta; o incluso, si se hace la pregunta fuera de su contexto habitual, o lo hace una persona que desconoce, el niño puede no responder o dar una respuesta incorrecta. La noción que parecía haberse integrado, ya lo no está.

La fragilidad emocional de esta edad, o mejor dicho, las mociones características de los niños en esa edad, no permiten hablar de logros definitivos, sino de logros en vía de asentamiento. El respeto a la persona y el permitir que se vaya afianzando la confianza del niño en sí mismo son las principales razones por las cuales nunca se han hecho evaluaciones en la Escuela Infantil francesa que no fueran mediante preguntas orales.

Los boletines de notas, obligatorios a partir del nivel de los más pequeños, impuestos por el decreto de septiembre de 1990, al ignorar la fragilidad de la pequeña infancia, han trastornado la pedagogía de la Escuela Infantil y causado importantes daños en la misma construcción de la personalidad. El desinterés por el tema escolar, el abandono prematuro de la escolarización, el fracaso escolar, el aumento de la agresividad, son algunas de sus consecuencias.

OCUPACIÓN DEL ESPACIO ENTRE DOS O MÁS

Partiendo de dos elementos, cuando se le añade un tercero, se crea la línea.

La ocupación del espacio entre dos requiere el conocimiento de lo que yo denomino *las posiciones relacionales*. Dos cuerpos en el espacio podrían estar: cara a cara, el uno junto al otro (dos posiciones posibles), espalda contra espalda o uno detrás del otro. Se requiere un cierto número de sesiones de psicomotricidad antes de que los niños dominen estas posiciones; dentro de las que están dedicadas al esquema corporal, el descubrimiento de cada posición requiere, sólo para una de ellas, varias sesiones. El entrenamiento asociado con los corros y los juegos de ritmo, facilitan la memorización.

Estos juegos de relación en el espacio entrañan una enorme riqueza; ayudan a la socialización de los niños, preparan a la escritura, y además son una ayuda para las futuras sesiones de psicomotricidad.

El *cara a cara*, posición privilegiada para la comunicación, se utiliza en numerosos juegos rítmicos, corros de a dos, en algunas danzas folclóricas, y otros.

El *espalda contra espalda* podría considerarse como lo contrario del *cara a cara*, lo contrario de la comunicación; sin embargo, la negativa a querer comunicarse se transmite. Numerosos juegos cantados utilizan esta posición.

El *uno junto al otro*, con dos posibilidades: las dos personas están mirando del mismo lado o en dirección contraria. Si añadimos a otra persona, este *el uno junto al otro* se convierte en una línea. Es la línea viviente. Numerosos corros, juegos rítmicos, o juegos colectivos requieren esta organización. La farándula.

El *uno detrás del otro* se convierte en fila, añadiendo una persona más. La fila es un tipo de organización que se utiliza en casi todos los juegos.

Para la maestra, acaba siendo fácil que la entiendan usando estos términos comunes; a partir de entonces, los desplazamientos dentro de la escuela se harán ordenadamente. Ejemplos: *Colocaros de dos en dos, el uno junto al otro. Poneros en fila delante de la puerta.*

El trabajo con referencias espaciales se vuelve fecundo, tanto para el conocimiento del espacio en sí que le brinda al niño los medios para poder orientarse y decir dónde se encuentra, como para el conocimiento de la página. Las referencias para la línea viviente formada por niños en el espacio, o de la línea del cuaderno son idénticas. En el primer caso el niño las vive; en el segundo caso, las utiliza, para leer y escribir.

Foto 26: *posiciones espalda contra espalda y cara a cara*

Foto 27: posiciones *el uno junto al otro, y uno detrás del otro*

Fotos 28 y 29: *línea y fila conseguidas respectivamente con 1 elemento añadido a las posiciones iníciales (foto 27)*

OCUPACIÓN DEL ESPACIO CON MATERIAL

Se sustituyen los niños por material. El objetivo sigue siendo el de la ocupación del espacio para aprender a orientarse en él. La escritura se prepara primero en el espacio, después en el plano y, por último, en la línea; este es el orden lógico que respeta el desarrollo del niño. Cada niño toma en sus manos material individual (por ejemplo, casetes, aros u otros), y ocupa el espacio bajo la mirada atenta y las recomendaciones de la maestra. Cuando se detiene, se les pide a los niños que dejen el objeto donde se encuentran y que liberen el espacio. Los objetos sustituyen a los niños. Ahora se trata de observar estos objetos y decir si están efectivamente ocupando todo el espacio, o si hay demasiados o demasiado pocos en algunos lugares. El niño pasa de ser actor a ser observador; este cambio de punto de vista permite captar la situación en su globalidad y poder corregir si fuera necesario. Se le pide que exprese su opinión.

La maestra propone otras maneras de ocupar todo el espacio (o parte de este) utilizando palabras concretas: en un rincón, en medio, etc. Otros juegos: la maestra pide que se tome un determinado objeto a partir de su ubicación: *Toma el que está en el centro. Tráete el que está cerca de la ventana.*

Señala el que está lejos de la puerta. Progresivamente, sugiere el uso de un vocabulario preciso: *¿Dónde se encuentra el aro?*

Se puede pedir a los niños que jueguen de distinta manera con el mismo material para que den rienda suelta a su propia creatividad e imaginación; después se presenta al grupo la creación de algún niño.

Combinar con ocupación del espacio de a dos: 2 niños colocan sus objetos y a continuación liberan el espacio. Se añade un tercer objeto en la prolongación de los dos anteriores; ha aparecido una línea material. Ocupar el espacio en grupo (filas, líneas rectas o circulares), depositar los objetos, liberar el espacio; observar las líneas, las filas o los círculos que los objetos han formado. Todos estos juegos permiten situarse y aportan un lenguaje exacto y adaptado para poder representarse la situación y comentarla después.

CON MATERIAL COLECTIVO

El equipo pesado, colocado antes de la sesión (escaleras, toboganes, muros de escalada, espalderas de gimnasia, columpios, etc.), permite trabajar familias de deportes pero también preparar los recorridos. Son auténticas concatenaciones con principio y final. Ejemplo: un banco seguido de una alfombra, de cinco aros, de un tobogán y, al final, de una canasta de baloncesto, forman un recorrido en línea.

Los niños deben tomar sus puntos de referencias, no sólo desde su fila de espera sino también en relación con el recorrido. ¿Por dónde empezar? ¿Cómo seguir y encadenar? ¿Dónde terminar?

Para ayudar al niño a llevar a cabo estas acciones encadenadas en un determinado orden, la maestra las describe con palabras exactas. Esta secuencia lineal, con principio y final, remite a la escritura.

Cuando se ha acabado el juego, la maestra puede pedir que se describan algunas acciones, el orden en el que se hicieron, etc. La verbalización, unida a la memorización es muy importante. La noción de continuidad, de acción llevada a cabo desde el principio hasta el final sin interrupción, puede ya ser tratada desde la vivencia y la palabra. Volveremos a encontrar esta misma noción en la escritura.

Foto 30: *ejemplo de pequeño material para reproducir en el plano, las situaciones vividas como juego, en el espacio. (Juego de imitación)*

II EL PRIMER PASO HACIA LA ESCRITURA: EL JUEGO SIMBÓLICO SOBRE PLANO HORIZONTAL

Se traslada la situación vivida en el espacio de la sala de juegos al espacio reducido del pupitre del niño, dentro del aula, mediante los objetos en miniatura.

Ejemplo: Un soporte de cartulina representa el espacio donde se acaba de estar jugando. Unos monigotes de diferentes colores representan a los niños. Se sustituye el material de psicomotricidad por objetos en miniatura. Se invita a los niños a que jueguen libremente (sin ninguna consigna). Cuando han terminado, explican lo que han hecho.

El niño que tiene en las manos miniaturas de objetos, reproduce directamente lo que acaba de vivir en la sala de juegos sin que se le diga nada. Coloca los monigotes en el soporte de cartulina y los organiza como acaba de vivirlo él; les hace ocupar el espacio, los coloca de dos en dos etc. Ahora ya no es el actor del juego sino su dueño. Algunos imitan a la maestra con sus gestos y palabras. Se ha logrado la memorización.

Esta etapa, que llamo *pequeño juego de rol de sobre mesa*, intermedia entre la situación del juego vivido en psicomotricidad y una página de escritura, entrena al niño para la representación mental: paso del mundo de lo concreto al campo abstracto de la escritura, paso del espacio al plano, paso de lo que está vivo y se mueve a lo que permanece inmóvil; un paso siempre dado de forma lúdica.

De este modo, la confianza del niño en sí mismo se va arraigando, a la vez que va repasando vocabulario y posiciones en el espacio. Los más pequeños, con menos interés o cansados, que no reproducen la situación vivida, le comentan sin embargo a la maestra su creación.

Fotos 31 y 32: *línea y fila de pinos realizadas en juego libre*

III DEL JUEGO A LOS SÍMBOLOS DE LA ESCRITURA

Pasar del *pequeño juego de rol de sobre mesa* para emprender el camino hacia los símbolos de la escritura impide precipitarse hacia la escritura y concede al niño el tiempo que necesita para evolucionar dentro de su lógica y de su lenguaje. Como la organización material dentro del orden creado por el niño sólo se puede mantener durante un tiempo, poco a poco, la maestra propone sustituir objetos (por ejemplo, los monigotes) por perfiles de papel de pegar o por pegatinas. De este modo, después del juego, los niños sustituyen los objetos por esos perfiles que ellos mismos colocan y pegan sobre el soporte de cartulina. Los perfiles se van simplificando cada vez más hasta convertirse en círculos y palos, o en otras formas simples: las letras minúsculas del abecedario que ya va dibujando el niño. Partiendo de la línea vivida, el niño da el paso hacia la línea escrita mediante el juego de sobre mesa utilizando pequeño material; partiendo de lo vivido llega a los símbolos mediante el propio juego, una continuación lógica para el niño, una continuación llena de significado. Las pegatinas sustituyen el pequeño material. Y el dibujo estilizado podrá, a continuación, sustituir las pegatinas.

La maestra puede proponer un signo o varios y decidir utilizarlo con la participación de los niños. El dibujo de sustitución y el signo, tienen valor de letras.

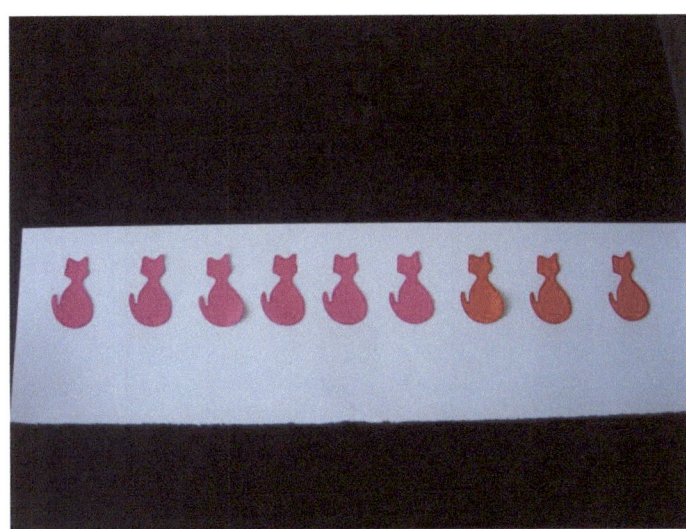

Foto 33: *línea de pegatinas*

IV LOS DEMÁS APORTES DE LA PSICOMOTRICIDAD

EL ESQUEMA CORPORAL: parte del trabajo realizado en psicomotricidad tiene por principal objetivo el descubrimiento del cuerpo. El niño avanza con mucha rapidez en este campo, coordina y controla cada vez mejor sus movimientos, así que se está entrenando para el grafismo.

LOS JUEGOS DE MANOS Y DE DEDOS: entrenamiento para la destreza y para la pinza, pertenecen a las sesiones de psicomotricidad; sin embargo, aquellos juegos que necesitan la inmovilización del resto del cuerpo y especialmente de los brazos, se llevan a cabo dentro del aula. Alegres y divertidos, son juegos que relajan.

LOS JUEGOS CANTADOS: ejemplo: *un pulgarcito que camina*.

Los niños separan cada dedo moviéndolo en torno a su articulación (la mano en torno a la muñeca). La canción indica el nombre de cada una de las partes. Para sólo trabajar las manos y los dedos, el brazo se inmoviliza apoyando los codos encima de la mesa.

Mismo juego pero cada dedo va tocando el pulgar.

Juegos de personificación de los dedos: la maestra dibuja dos puntos en los índices que representan los ojos; esos dedos, convertidos en marionetas, pueden entonces tomar posiciones relacionales.

Juego de huellas: desplegar primero un dedo sobre el borde de la mesa, después dos a la vez, una mano o las dos a la vez.

Seleccionar un dedo para señalar una parte de la cara.

Juego del piano; con los dedos que se van nombrando y cantando, dar golpecitos sobre el borde de la mesa, como si fuera las teclas de un piano.

Progresión por verbalización: un niño toma el lugar del animador y le dice a los demás cuál o cuáles son los dedos seleccionados.

Juegos cantados: *el patio de mi casa, pimpón es un muñeco, etc.*

Juego de agarre del lápiz: los niños forman la pinza y colocan el lápiz encima; se trata de moverse sin que se caiga el lápiz; en caso de que no se pueda, se le sujeta con el índice.

Otros: ir apuntando cualquier sugerencia.

La biblioteca de cada Inspección Provincial debe coleccionar estos juegos y hacerlos llegar al maestro principiante.

CUERPO, ESPACIO, RITMO: ¿En qué medida ayudan a ir caminando hacia la escritura?

El universo, así como el hombre que es parte de este, están regulados por las estaciones, los cambios lunares, la influencia de otros planetas, etc. Estamos sujetos a estos ritmos externos, y también a los de nuestro propio cuerpo. La evolución del cuerpo en el espacio, sostenido por un ritmo, no sólo ayuda al niño a descubrir sus propios ritmos sino que también le ayuda a coordinar sus movimientos.

La coordinación dinámica general aporta soltura y bienestar a todo el cuerpo. La postura sentada del alumno en la acción de escribir es una prueba de coordinación para todas las partes involucradas. El ritmo afianza esta coordinación y trabaja para la armonía del cuerpo.

La observación a largo plazo demuestra que los ritmos aparecen espontáneamente en los niños en el siguiente orden: primero aparece *la marcha*; con velocidad, pasa a ser *carrera*. Sigue el *galope*; al final, aparece *el saltito*, lo más difícil, cuando están terminando el nivel medio, de los mayores.

Después, será el maestro quién proponga otras combinaciones de ritmos que el niño ejecutará: *imitación de ritmos*. Con entrenamiento, el niño consigue crear el suyo propio.

Los instrumentos de percusión o las músicas adaptadas permiten variar el juego. Esta parte pertenece tanto a la psicomotricidad como a la música.

Partiendo de una mera ocupación del espacio con ritmo, la sesión puede transformarse en *expresión corporal y musical* con el apoyo de algunas músicas temáticas, y el niño se engancha al juego del tema como si de un juego de rol se tratase.

Después de haberse entrenado, el niño verbaliza lo que le sugiere la música. Se le dejará un tiempo para que, a su vez, invente un tema. La maestra puede crear una coreografía donde todas estas nociones quedarán plasmadas.

La secuencia rítmica que se vive en psicomotricidad es comparable a una frase (con principio y final); deja huellas en la pizarra cuando la mano llena de polvo de tiza la golpea. A esta primera escritura de un ritmo, se añadirán las nociones de intensidad (fuerte débil) y de duración. En matemáticas, una sucesión de elementos que reaparecen periódicamente se denomina algoritmo.

Una construcción material con ritmo (perlas engarzadas, pequeños cubos anidados) puede dibujarse. Las hay en todos los cuadernillos de vacaciones o en las revistas infantiles. Está organizada con un principio y un final, lo mismo que una frase o una palabra.

En el lenguaje oral, es a través del ritmo, o sea, del orden que el niño descubre la composición de las palabras en sílabas. Acompasar una palabra es golpear las manos a la vez que se pronuncia. Véase el libro "La escuela asesinada".

Ejemplos de palabras que le interesan al niño, su nombre:

VA – LEN – TIN': O – O – O: tres golpes, tres sílabas.

AN – DRÉS: O – O: dos golpes, dos sílabas.

JUAN: O: un golpe, una sílaba.

ESMERALDA: O – O – O – O: cuatro golpes, cuatro sílabas. Hay muy pocos nombres (palabras) con cuatro sílabas o más. Cada nombre es una organización en línea con sílaba al principio, en el medio y al final. Se puede jugar a reconocer una sílaba de oído y a situarla en la palabra, en relación a otra, en relación al principio y al final.

Es un juego de orientación pero, esta vez, el niño no puede apoyarse en el material; debe reflexionar. Con el vocabulario que ha adquirido puede representarse la situación; está entrenando su representación mental, su reflexión.

Mediante el ritmo es cómo el niño descubre la composición de una frase oral: *María come; María come pan; María come pan y queso.*

V LOS APORTES DE UNA SESIÓN DE LENGUAJE

Independientemente del tipo de sesión que sea (véase "La escuela asesinada"), esta siempre acaba con una conclusión que resuma y recoja los elementos estudiados; estos se conservarán durante un tiempo.

Ejemplo: hagamos crepes o contemos una historia. Los niños vuelven a decir el nombre de los elementos que se utilizan o de los personajes que aparecen, en el orden de la receta o del cuento. La maestra los conserva, en este orden exacto, colocándolos en línea, en el sentido de la escritura, sobre un pupitre junto a la pizarra. Los objetos tridimensionales o los personajes en miniatura permanecen a disposición de manera organizada.

Cuando ya no sean necesarios para el relato, la maestra con la ayuda de los niños, los sustituirán por su etiqueta previamente recortada en el papel de envolver los ingredientes o según las fotos o los dibujos de los personajes del cuento. Bastará con fijarlos a la pizarra, en el sentido de la escritura, mostrando así a los niños, y de modo concreto, el paso del objeto a su representación.

La sesión completa del oral se conserva de este modo en una línea compuesta por fotos, etiquetas o símbolos, antes de ser escrita. Todas las nociones de orden de la línea, aparecen nuevamente para que los niños puedan entrenarse. Entrenar la memoria, entrenarse a saber identificar, unos preparativos motivadores en la adquisición de reflejos para la escritura.

Poesías, cantos, canciones infantiles, desempeñan un papel muy importante, tanto para la memorización, como para la incorporación del idioma.

La manera de recitar, con la participación espontánea del cuerpo (especialmente brazos y manos), confirma que el niño se está adueñando de las células rítmicas, sirviéndose del ritmo, como de la rima, para memorizar.

La memorización afecta al conjunto del organismo y no sólo a la parte implicada del cerebro. Además, estos momentos musicales, cortos, son portadores de la alegría del niño, el motor de la dicha de aprender.

VI CONCLUSIÓN

Todas estas actividades ofrecen al niño un acercamiento a la línea o a la fila, concreto, palpable, vivido, y por consiguiente a su alcance. La memoria graba con enorme rapidez, para su posterior uso, todas estas nociones que se siguen de la línea y de la fila: noción de organización en línea (que denomino linealidad), noción de orden, noción de origen, noción de sucesión que lleva consigo el lenguaje presentado al niño (primero, último, justo antes, todo lo que viene a continuación, entre, etc.). El niño, que ha sido el centro de la situación vivida, es ahora capaz de trasladar todas estas nociones a la página, a la línea, a la escritura. Poco a poco y por sí mismo, pasa del campo de lo concreto al de lo abstracto. Con lo cual, incluso antes de saber leer y escribir, ya posee las claves de la página, de la línea, de una frase, de una palabra, de un texto.

Es capaz de situar la primera palabra de una página, la última palabra de una línea, la palabra del centro, etc. Antes de saber leer y escribir, sabe orientarse.

La página ya no le resulta extraña; confiado, tiene ganas de saber más. Ha despertado el deseo de aprender a leer y a escribir.

REFERENCIAS ESPECIALES: LA FOTO Y EL NOMBRE

Al nacer, el niño recibe, para toda su vida, un regalo extraordinario: su nombre.

El nombre, la primera palabra que vuelve, como una música, a los oídos del recién nacido.

El nombre, la palabra más llena de afectos, la palabra que lleva dentro todo el amor de los padres y de la familia.

El nombre, la palabra que introduce al niño en nuestro mundo.

Al brindarle la escritura de esta palabra, la escuela bautiza al niño por segunda vez.

Oír, escuchar esta palabra, reconocerla, oralmente y después por escrito. Más adelante, escribirla, con la primera letra (o las primeras), es algo que interesa y motiva al pequeño alumno.

Por el nombre, simplemente existir.

I LA PRIMERA REPRESENTACIÓN DEL NIÑO: SU FOTO

Primer punto de referencia para encontrar sus pertenencias:

La foto es, antes que todo, antes que la escritura de su propio nombre, la primera representación del niño (así como también lo es de cualquier otro objeto). Por eso servirá de punto de referencia para que el alumno encuentre con facilidad:

- su abrigo (está pegada encima del perchero)
- su carpeta (está pegada en la tapa)
- su lugar en el tablón de asistencias

Primer punto de referencia dentro del grupo:

En el primer día de clase, cuando se ingresa al primer nivel, la foto ayuda a reconocerse y a conocer al otro.

Los juegos de conocimiento y de control, imprescindibles, ayudan al niño y a la maestra.

Ejemplo: la maestra enseña una foto a los niños sentados alrededor de ella y pregunta al grupo quién está en esta foto. Los niños no tardan en aprender a conocerse por sus nombres.

Existen distintos niveles de respuestas posibles:

- ausencia total de respuesta
- respuesta verbal: *no sé*
- respuesta no verbal pero correcta: el niño apunta con el dedo al compañero de la foto
- respuesta verbal: *es Rémi*
- respuesta verbal y gestual: *es él, Rémi*

Este juego de reconocimiento informa acerca del nivel de comunicación del niño; además, requiere de su parte observación, atención y concentración, así como interés por los compañeros. Este primer inicio de "socialización" va insinuandole al niño cual es su lugar en este grupo en vías de construcción. Esta situación, o más bien perspectiva social, pasa por el conocimiento de los miembros del grupo, el conocimiento de sus nombres.

Los juegos con fotos son numerosos: se esconden dos fotos y la maestra sólo enseña una; ¿quién es? ¿*Rémi o Annie*? El que gana se convierte en animador y toma el lugar de la maestra actuando en su nombre. Variantes: se añade la foto de la maestra, de la directora, la de otra docente, de su perrito, etc.

II LA FOTO, EL MEJOR MÉTODO PARA PRESENTARLE AL NIÑO SU NOMBRE ESCRITO

En el nivel de los más pequeños, el nombre aparece oportuna y pedagógicamente debajo de la foto, llamando la atención del niño; porque el niño estará al lado de la maestra cuando esta escriba su nombre por vez primera:

Dime tu nombre; mira, lo escribo debajo de tu foto.

Si el niño no entiende, ella le pregunta: *¿cómo te llamas?*

Retomando la respuesta (el nombre del niño), añade: *tu nombre es Alejandro, lo escribo debajo de tu foto.* La letra que se utiliza es la minúscula de imprenta. Debajo de la foto, esta palabra aparece escrita con letras pequeñas; el niño de esta edad mira la foto y no lo escrito. En el segundo nivel, se le puede dar más importancia. En el nivel de los grandes, se retira la foto en cuanto el niño sepa escribir su nombre sin equivocarse.

La participación del niño, tanto en los primeros niveles como en los demás, es importante: respeto hacia su persona, implicación activa del niño y, por consiguiente, participación, escucha, atención. La participación permite al niño darle un sentido a lo que vive. Por eso la maestra sólo podrá crear estas etiquetas en determinados momentos del día. Para este trabajo en grupo reducido, la maestra se reúne con seis niños y actúa implicando al grupo. Le entrega a cada uno su foto y su nombre escrito; cuando los seis niños tienen su etiqueta, verbaliza las acciones que acaba de llevar a cabo y organiza un pequeño juego de conocimiento y de control.

Primero se dirige al grupo utilizando un lenguaje apropiado y que algunos niños descubren como, por ejemplo, el uso del plural en las conjugaciones verbales:

Enseñadme vuestras etiquetas; ¿quién recuerda lo que hemos hecho? Hemos pegado la foto y después hemos escrito el nombre.

A continuación la pregunta se hace de forma individual: *Rémi, ¿enséñanos tu etiqueta? Pon tu dedo sobre tu foto. Ahora, enséñanos dónde está escrito tu nombre.*

Juego a la inversa: indica el nombre y pregunta: *¿Qué está escrito aquí?*

Los niños escuchan y ayudan; se vuelve a empezar el juego con cada uno de ellos. Aquí como en otros momentos, la progresión en el modo de preguntarle al niño, se ha estudiado.

Esta progresión arranca del niño de nivel más bajo (el que no habla) para ascender y satisfacer los niveles más altos; esta progresión también invita a utilizar términos exactos para expresarse.

III VENTAJAS DE ESTE TIPO DE PRESENTACIÓN

Para el niño, escribir su nombre, es también un modo de ubicarse en la escritura: en general, es la primera palabra escrita que reconoce. Esta presentación incluye la correspondencia entre el objeto y su nombre escrito, entre lo concreto (la foto) y lo abstracto (la escritura del nombre); un juego de despertar a la *consciencia de la escritura* y su necesidad; el reconocimiento de sí mismo en vivo (*soy yo Rémi*), el reconocimiento de sí mismo mediante la primera forma de simbolización (este soy yo en la foto), el reconocimiento de sí mismo en la escritura (estoy escrito aquí, r é m i). De todo el curso escolar, no hay ningún otro ejercicio que resulte ser más interesante para los de primer nivel. Al niño de esta edad, no le importa los nombres de los objetos; sólo le interesa el objeto en sus tres dimensiones. Su nombre escrito, el de un compañero o el de un miembro de su familia, lleva consigo una motivación especial, la motivación afectiva que enaltece al ego. Se repite este ejercicio varias veces a lo largo del curso con la excusa de renovar la etiqueta o de cambiarle el color.

Más adelante se propondrán otras etiquetas, preparadas con antelación que se repartirán en cestas, para juegos de discriminación visual, o para que se peguen a modo de firma en cualquier producción.

El niño ha recibido su nombre escrito; aunque ahora sea capaz de reconocerlo entre los demás, nadie le pide que lo escriba. Sin embargo, inconsciente de las dificultades, pide hacerlo; cuando va haciendo círculos y palos en sus dibujos libres, a partir del primer nivel (3 años), la maestra puede brindarle su ayuda.

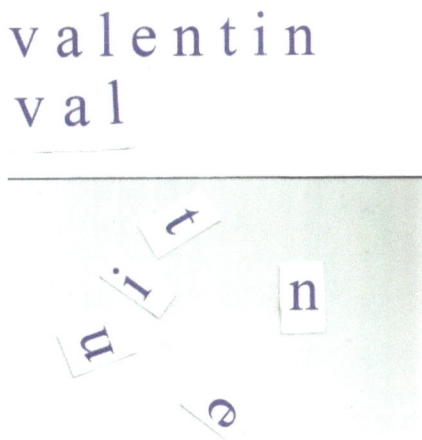

¿CUÁNDO Y CÓMO AYUDARLE AL NIÑO A COPIAR SU NOMBRE?

Cuando él lo pida; cuando esté haciendo círculos y palos en sus dibujos libres, el niño de primer nivel nos está comunicando que está listo y que quiere *escribir*, es decir copiar su nombre.

La maestra puede proponerle copiar su nombre en letras minúsculas de imprenta, es decir, en letras hechas con *círculos-y-palos* a su alcance, aunque no se hayan integrado todas las nociones de la escritura, aunque el movimiento de la escritura sea aún muy torpe.

I PRECAUCIONES

En media hoja virgen de tamaño 21 x 29,7 tomada en el sentido longitudinal, que sugiere la línea y servirá de soporte al trabajo del niño, la maestra escribe y le comenta al niño cada una de las letras de su nombre.

Mira, estoy escribiendo tu nombre; escucha con atención, porque después te tocará a ti hacerlo.

A continuación el niño será quien lo copie, debajo del modelo, letra a letra, en el mismo orden y con participación de la maestra.

II UNA PEDAGOGÍA ADAPTADA

Comentario personal para cada nombre: se trata de un análisis descriptivo de cada letra en términos de círculos y de palos al que se añaden dos reglas:

N°1: para el palo, siempre se baja

N°2: para el círculo, siempre se gira hacia la izquierda.

Voy a escribir la primera letra, te la enseño (a): apoyo el lápiz y lo giro para hacer el círculo, vuelvo y lo cierro; apoyo el lápiz aquí, lo bajo para dibujar el palito que pego al círculo; ya sabes hacerlo, ahora te toca a tí hacerlo, yo te miro.

Este comentario, que repite la maestra, y después el niño, retoma constantemente las dos reglas fundamentales adaptadas a cada letra.

Este comentario es importante porque es el que permite al niño memorizar el movimiento de la escritura correcto y el nombre de la letra, durante este corto e importante espacio de tiempo.

Este método, que utiliza las dos reglas antes expuestas, obligando al niño a observar cada letra para analizarla a partir de los círculos y los palos, presenta la ventaja de ofrecer inmediatamente y desde el primer escrito, la dirección correcta del movimiento de la escritura que seguirá siempre siendo la misma para la escritura enlazada como para cualquier otro tipo de escritura. Este método responde a los deseos del niño: aprender rápido y bien.

Ahora tú, y por debajo; te enseño por dónde empezar.

Enséñame la primera letra, yo te miro.

Mientras que el niño copia la letra, el adulto repite en voz baja el comentario de los movimientos de la escritura correctos; después vienen las enhorabuenas.

¿Qué hay que dibujar ahora para terminar esta letra? Fíjate en el modelo?

Nuevo comentario, nuevas enhorabuenas. La maestra, al lado del niño, comprueba que cada movimiento de la escritura se esté llevando a cabo en dirección correcta, que la sucesión de letras se esté organizando en línea y se esté respetando el orden de las letras.

Este método personalizado que supone un comentario diferente para cada nombre, tiene muchas limitaciones y sólo puede plantearse desde una relación privilegiada maestra-niño. Un niño a la vez (acaso dos) es el que aprovecha este rato.

Para concluir, este método de *círculos-palos*, permite copiar sin faltas con los movimientos correctos de la escritura.

A un niño de párvulos no se le deja solo frente a lo que está fuera de su alcance. La memoria, trabajando a esa edad a su nivel máximo, fijaría, en todo su cuerpo, unos movimientos erróneos de la escritura que resultaría muy laborioso intentar corregir más adelante. Enseñar es conducir al niño hacia el éxito, no hacia la re-educación.

Nota: en la media hoja, no hay ninguna línea trazada, es decir ninguna limitación, el niño ajusta él mismo sus movimientos con espacio suficiente.

III ANÁLISIS DE CADA LETRA EN CÍRCULOS Y PALOS

Cada maestra elabora su propio estilo de comentario; para algunas letras como la *u* o la *n*, es más fácil hablar de *puente*.

a: Un círculo con un palito pegado a su derecha.

b: Un palo más alto con un círculo pegado a su derecha.

c: Un círculo abierto a la espera de poder seguir hacia la derecha.

d: como la b pero invertida.

e: La única letra que empieza por un palito acostado alrededor del cual se enrosca una *c* o una *o* abierta.

f: Un palo con gancho en la punta de arriba.

g: Un círculo seguido de un palo que termina en gancho o redondeo.

h: Un palo pegado a un puente.

i: Un palito con un punto encima.

j: Una i que sigue hacia abajo y se termina en gancho.

k: Un palo grande en el que hay que buscar una referencia en su tercio inferior; desde ahí sacar dos pequeños trazos oblicuos.

l: Un palo alto.

m: Un palito seguido de dos puentecitos pegados.

n: Un palito que le sirve de apoyo a un único puente.

ñ: Un palito en el que se apoya un puentecito, con un pequeño trazo encima.

o: Un circulito.

p: Un palo seguido de un círculo pegado a él, y apoyado en la línea.

q: lo contrario.

r: Un palito con un gancho arriba.

s: una pequeña serpiente, dos semicírculos encadenados.

t: Un palo con un pequeño trazo arriba.

u: Un puente al revés.

v: Un sombrero de pico al revés; bajar como si fuera un pequeño trazo pero inclinado y volver a subir del mismo modo sin pararse.

x: Una cruz con dos trazos inclinados que podemos comparar con + .

y: 2 trazos: uno pequeño, el otro grande, inclinados y de punta.

z: Tres trazos encadenados: acostado, inclinado bajando y nuevamente un pequeño trazo acostado.

El análisis de cada letra, narrado al niño en voz baja mientras está copiando, es un magnífico soporte no sólo para la memorización sino también para la continuidad de la acción, la coordinación de los movimientos, el estímulo a seguir adelante y a lograr culminar la labor.

IV PROGRAMA DE ENTRENAMIENTO

Utilizando las formas necesarias a la escritura círculos-palos, se puede crear un programa de entrenamiento sobre una cartulina gran formato colocada sobre un caballete (plano inclinado).

Ejemplo: entrenamiento para la realización del palo, línea recta vertical que encontramos en las letras l, b, d, f, h, k.

El palo está dibujado a la izquierda de la cartulina gran formato, con indicadores de inicio y de dirección. El niño debe repasarlo con el índice varias veces respetando las consignas (de inicio y dirección), después lo hará con rotuladores de colores; se le permite, dibujar sus propios palos en el espacio que queda libre si los movimientos de la escritura son los correctos. Lo mismo se hará con los círculos y demás formas.

Las otras formas: el puente al derecho y el puente al revés para hacer la n-m-h-u; el ganchito para empezar el puente con la r-f-j; el pequeño trazo horizontal encadenando con el círculo para la e.

Las más difíciles son las letras con ángulos agudos: x-k-v-w-y-z; en su comentario, la maestra le indica al niño cual es la estrategia.

Este programa, escasamente lúdico para el niño, puede sin embargo llegar a serlo; en cuanto el niño haya acabado, su producción puede utilizarse para un juego o un collage; los trazos paralelos, pueden representar carreteras donde poder desplazar cochecitos de miniatura o colocar pegatinas con forma de coche.

V LA MEMORIA VISUAL DEL NOMBRE

Se consigue espontáneamente; el niño siempre tiene su nombre delante: en el aula, en el tablón de asistencias, en el pasillo encima de su perchero.

En el rincón de los libros, a los niños les gusta hojear álbumes de fotos, recuerdos de momentos importantes vividos como el cumpleaños de Lea. Ahí también aparecen escritos los nombres. En el rincón de los libros, les gusta tomar en sus manos fotos de las personas de su clase, la maestra con su perrito, etc.; todos sus nombres están.

Junto a los puzles hay unos juegos de nombres que ha hecho la maestra para que jueguen. Ejemplo: barajas de cartas: las letras de un nombre están escritas en dos barajas; se barajan las cartas y el niño debe juntar los pares.

Juego de correspondencia: juego formado por un soporte rígido 27 x 10 que lleve el nombre del niño y por una baraja de cartas 9 x 5 con las letras del nombre. El niño deberá poner cada carta encima de la letra correspondiente del soporte. Puede darle la vuelta al soporte y colocar las letras en el orden correcto, sin modelo.

VI CONCLUSIÓN

Escribir su nombre no tiene nada que ver con la escritura. En los primeros niveles, cuando no se controlan ni las nociones elementales de la línea ni los movimientos finos, la maestra puede ayudar a copiar esta importante palabra. Todo depende de la motivación del niño.

Más vale que un niño no escriba a que escriba con movimientos de la escritura inadecuados o erróneos. Más vale educar que reeducar, prevenir que curar.

Demasiada escritura desalienta. El tiempo dedicado a la escritura es tiempo robado a las demás asignaturas, a aquellas que corresponden a la edad, como son el lenguaje oral y la psicomotricidad. El pensamiento, que se asienta sobre el lenguaje, se construye con lentitud durante la pequeña infancia.

Por eso cada lección, preparada con esmero por el maestro, sólo añade unas pocas novedades; esto consigue la entrega del niño que sólo se centra en un elemento a la vez. Los tres estilos de escritura de su nombre puestos en la etiqueta, no permiten al niño menor de 6 años poder centrarse en uno de ellos. El

escrito, percibido en su conjunto, constituye un todo de difícil acceso. MARIA, maria, *maria*

Por otra parte ¿qué interés tiene una etiqueta donde aparecen tres escrituras distintas para la misma palabra? ¿Dónde está el aspecto lúdico y atractivo de una pizarra en la que aparecen, copiados tres veces, 25 nombres. Para el niño ya no se trata de un nombre por cada niño sino de un texto con muchas palabras, lo cual no invita ni a memorizarlo ni a estar atento; ¡demasiado difícil! Incluso nosotros, adultos, ¿cómo vivimos, una clase o una conferencia o una formación profesional, si el conferenciante nos inunda con palabras que no utilizamos? Si empezáis a estudiar árabe o chino ¿cómo reaccionaría vuestra percepción ante semejante cuadro, nada más empezar las primeras clases? Es tarea del docente, y no del niño, el saber elegir aquello que presente una invasión mínima, para un éxito máximo.

A la pequeña infancia, es importante enseñarle aquello que corresponde a su edad, lenguaje y psicomotricidad ante todo. Con unas disciplinas inadecuadas se pierde el objetivo principal así como su provecho; además, desalientan.

NUNCA DEJAR AL NIÑO SOLO FRENTE A LO QUE NO SABE

En la escuela Infantil, el copiar el nombre u otra palabra no está al alcance de todos.

Dejar que el niño copie su nombre solo, con el modelo por guía, no es una acción pedagógica. El docente, poseedor del conocimiento, tiene el deber de acompañar al niño que se encuentra ante la dificultad y de ayudarle a superarla para conducirlo hacia el éxito.

Hacerle creer al niño que es capaz de realizar esta acción solo, es decir de cualquier manera, es una falta de rigor, de exigencia; es también una falta de respeto hacia el niño, un engaño.

El docente así como el adulto deben decir la verdad acerca de la dificultad que entraña esta acción y la necesidad de recibir ayuda.

Los que piensan enmendarlo después no han entendido que la memoria del niño con esta edad es especialmente rápida en captar y sellar las informaciones. Corregir, deshacer el nudo, puede ser más difícil, más largo y más fastidioso que ayudar al éxito.

Aprender rápido y bien, como desea hacerlo el niño, es cualidad del *buen maestro* que ha entendido quién es su alumno y cómo conducirlo hacia el éxito sin interrumpir su búsqueda, su reflexión, para adaptar mejor su enseñanza.

I TIPOS DE ERRORES OBSERVADOS

Letra incompleta o mal completada: en thilbaut: thilault

Omisión de una o varias letras: thibaut

Desplazamiento de una letra al interior del nombre: priscilla: pricsilla

Deformación de una letra o desplazamiento de un trazo: *o* por *a*

Movimiento de la escritura en el sentido equivocado:

Ejemplo: todas las letras escritas de abajo hacia arriba

Modelo defectuoso, mezcla de dos estilos de escritura acarreando una copia errónea: Hélène

II UNAS DIFERENCIAS

Observar errores permite comprobar que la escritura de algunos nombres presenta más dificultades que otros: debido a las letras que llevan ángulos agudos como kévin, yan, william, kathy, roza; debido al número de letras y la acumulación de las altas: thibault, philippe, christophe, anne-charlotte.

Es importante pues ayudar al niño a copiar su nombre porque ignora las dificultades que esto entraña.

Algunas dificultades pueden ser evitadas o diferidas; el niño que tenga un nombre demasiado largo no tiene obligación de copiar la palabra entera.

Una única letra para empezar, la primera (la inicial) o las dos primeras; las demás pueden esperar; por ejemplo: *ch* para charlotte.

III EL NIÑO Y EL ERROR

¿Qué es el error para un niño de escuela infantil? ¿Cuándo adquiere consciencia de ello? ¿Cuándo es capaz de corregirlo? Entre el momento en el que se comete el error y aquel en el que se corrige, transcurre un tiempo durante el cual la memoria está trabajando.

La toma de consciencia del error y su corrección, o reeducación, no son momentos agradables en la medida en que obligan al niño a desbaratar lo que ha construido.

El socavamiento de la confianza en sí mismo o en los demás conlleva desaliento y fracaso.

LA MAYÚSCULA

La mayúscula pertenece al programa de Segundo de Primaria; ni complica ni supone una sobrecarga para los niños de este nivel porque ya escriben.

La mayúscula es una modificación de la letra en tamaño y posición respecto a la línea, y tan engalanada que ya no se reconoce en ella la minúscula correspondiente; lo cual complica su realización.

En la Escuela Infantil, edad en la que el niño sólo puede centrarse en un elemento a la vez, edad en la que la motricidad fina aún no se controla bien;

¿Qué interés ofrece el tener que copiar la mayúscula?

Para un niño que apenas si sabe copiar, la mayúscula puede desalentar, incluso confundir: ejemplos: Myriam – myriam.

Para reconocer su nombre, la mayúscula no es imprescindible; la minúscula presenta las mismas ventajas. La parada ante la inicial embellecida puede bloquear o atrasar el comportamiento espontáneo de anticipación sobre el resto de la palabra, es decir el comportamiento lector.

Si en algunas palabras la mayúscula difiere muy poco de la minúscula, en otras, sigue siendo compleja y difícil.

Ejemplos: Camille – camille; una única diferencia, el tamaño.

Philippe: dos diferencias, el tamaño y el cambio de posición respecto a la línea.

Ídem para Ameline – ameline; Yannick – yannick.

Gwendoline – gwendoline: una modificación añadida, la forma.

El tiempo dedicado a estudiar una asignatura que está fuera de programa y fuera del alcance del niño, es tiempo perdido para las demás asignaturas fundamentales como el reconocimiento auditivo de sonidos, del cual depende el lenguaje escrito.

Por otra parte, sin aspecto lúdico, para el niño ¿dónde está la motivación?

Entonces ¿qué le puede interesar?

Dicho de otra forma, escuchemos con atención esta frase que todos los docentes, a menudo han oído:

Maestra ¿cuándo jugamos?

LA ENTRADA DIRECTA A LA ESCRITURA ENLAZADA

Con la idea de que el garabateo, primera producción del niño, procede de un movimiento de la escritura natural y enlazado, algunos docentes piensan que, ya desde párvulos, hay que enseñar escritura enlazada. Esta opinión no se sostiene si observamos al niño. Efectivamente, el garabateo se ejecuta sin apoyar la muñeca y sin que esta se haya independizado de las demás partes del miembro superior; todas las partes del miembro son solidarias exceptuando el hombro que es el que permite el movimiento. El movimiento de la escritura es torpe.

Para escribir en *enlazado*, es decir con movimientos finos de gran precisión ascendentes y descendentes, los desplazamientos del lápiz están controlados por la coordinación conjunta de la pinza, la muñeca y el antebrazo. Pero el niño de Escuela Infantil no controla ni la coordinación general ni el movimiento de cada parte del miembro. Va descubriendo su cuerpo con sus distintas partes lenta y progresivamente; La asignatura que prepara para este descubrimiento, *la psicomotricidad*, sigue siendo, junto con la actividad de *lenguaje*, la más importante del quehacer diario del alumno de infantil.

La escritura no es un gesto natural; y como para cualquier aprendizaje, requiere una progresión, un orden.

La escritura minúscula script, con parada entre cada letra, permite dibujar cada palo y cada círculo en un movimiento continuo.

Las producciones de los niños entrenados prematuramente en la escritura, llevan, en el interior mismo de cada letra, unos puntitos originados por paradas anárquicas del movimiento, cuando lo propio de la escritura cursiva está en la continuidad del movimiento.

Estas paradas que observamos, incluso entre los mejores alumnos, muestran que la dificultad está en la continuidad del movimiento. El niño no posee ni los medios físicos ni los mecánicos para lograr esta operación; de ahí la necesidad de unas sesiones cotidianas de psicomotricidad para el desarrollo general además de las dedicadas a la coordinación motriz y otros entrenamientos (movimientos finos, toma de referencias en el espacio, en el plano, en la línea, etc.).

Un ejemplo documentado, foto 36.

Los niños de niveles superiores de la Escuela Infantil J.P. han escrito a sus compañeros de los niveles superiores del Grupo Escolar R. con la idea de hacerse amigos; el objetivo pedagógico es la escritura.

La maestra que los inició en la escritura enlazada para satisfacer la demanda de sus superiores y responder a los boletines escolares, pidió a sus 22 alumnos que escribieran su nombre al final de la carta que ella redactó.

Como estamos a comienzos del segundo trimestre en el nivel de los mayores, los niños ya han escrito su nombre varias veces, así que lo tienen memorizado.

Observación: a simple vista, resulta imposible leer los nombres excepto para tres o cuatro casos. Las letras están distorsionadas así como el conjunto de la palabra, lo cual indican que para muchos niños la noción de letra como una unidad que tiene un principio y un final, no existe.

La concatenación de los gestos que ha sido grabada en memoria está equivocada.

El diminuto tamaño de las formas hace que el documento sea ilegible, excepto en el caso de Myriam, Sélim, Thomas.

Estas formas, replegadas y pequeñas, indican el estado de malestar de sus autores, los esfuerzos involucrados, el peso de la obligación y, para algunos, el sufrimiento que ha supuesto este trabajo en su conjunto.

Puesto que los nombres no se pueden descifrar, exceptuando en tres o cuatro casos ¿ha valido la pena escribirlos? ¿Le ha ayudado a alguien?

Los niños han recibido cartas que no han podido descifrar y la maestra es quien lo ha hecho; al verla leer, los niños percibirán poco a poco, la necesidad del acto y la importancia de la escuela de los grandes, desde luego; porque se volverán a encontrar con este ejercicio ante cualquier lectura.

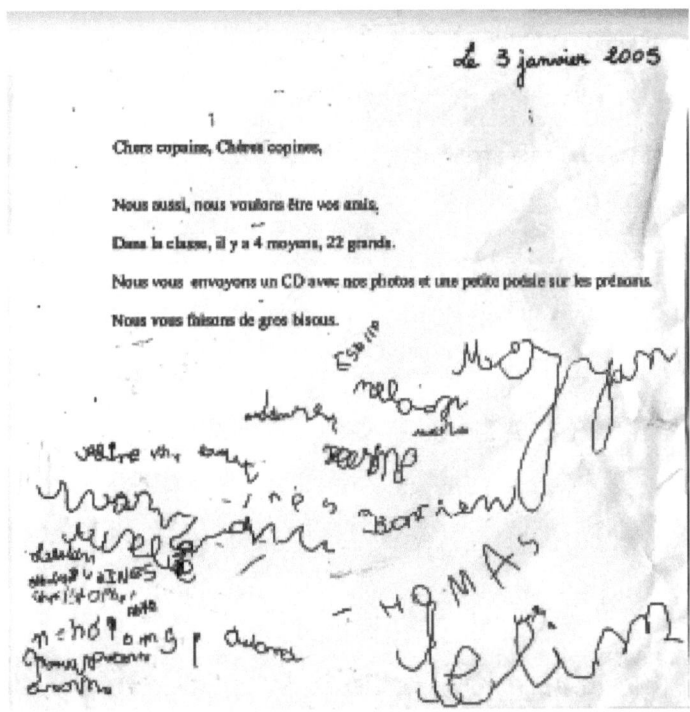

Foto 36: *los niños han escrito su nombre; nivel de los mayores*

En la Escuela Primaria, se enseña el movimiento de cada letra; la memoria lo graba letra a letra y esto es válido para todo el alfabeto y durante todo el curso de primero de Primaria. La escuela infantil tiene otras prioridades que respetan el orden del desarrollo del niño y que, de este modo, satisfacen su deseo de aprender.

LOS PELIGROS DEL ENTRENAMIENTO PRECOZ

Cuando ha recibido de su entorno miles de palabras, el niño se ejercita y empieza a decir sus primeras palabras, solo, independientemente de los demás, y con gran sorpresa de estos. Ese día ¿no lo decidió él?

Para la toma de la palabra así como para sus primeros pasos y para la limpieza, el niño se ejercita solo y toma la iniciativa, después de una serie de ensayos-errores, cuando él se siente capacitado, motivado y alentado por los suyos.

Cualquier presión podría provocar serios trastornos.

Lo mismo ocurre para la escritura.

El programa de la Escuela Infantil debe respetar el ritmo del niño; la enseñanza, no obligatoria en esa compleja edad de la pequeña infancia, debe permitir que el niño camine a su ritmo sin empujarlo a la práctica.

El niño sólo explora aquello que tiene a su alcance, es decir aquello que está justo un poco por encima de su nivel; entonces se agudizan su curiosidad innata y sus capacidades de adaptación y de anticipación.

Demasiado por encima o demasiado por debajo de ese nivel, la actividad se hace demasiado difícil o demasiado fácil; el niño esconde una parte o el todo porque no tiene medios para explorarlo, no se siente implicado. La actividad no está adaptada. El niño se desanima.

Si estas situaciones se repiten, el aspecto lúdico y la motivación desaparecen; la función *placer* se altera. El niño se vuelve pasivo y disminuyen sus capacidades de anticipación.

Cuando aparece el desinterés y se prolonga, el niño ya no sigue, ya no sabe. Aparece la ansiedad, debilitando toda su persona.

Cuando tenía doce años, Sebastián estaba en 5º de Primaria de la escuela R. después de haber repetido curso.

A penas si conseguía descifrar las palabras que leía y desde hacía seis años, cada día de clase era para él día de fracaso escolar. Catalogado como perezoso por los adultos de su entorno, tanto en la escuela como en casa, nadie se había planteado acudir a un psicólogo escolar; sin embargo, desde hacía ya cierto tiempo, Sebastián había empezado lo que llamamos la *depresión enmascarada del niño*. Detrás de este fracaso, se escondían profundos trastornos del sueño y pérdida del apetito.

En vísperas de la adolescencia, ya no se trataba de salvar la asignatura escolar sino la salud física y moral de un niño muy debilitado para el cual se imponía un seguimiento psicológico.

RESUMEN

En la escuela infantil, para **copiar su nombre**, los niños necesitan unos medios mínimos:

I LA MOTIVACIÓN

Lo que motiva al niño es su nombre. Copiar su nombre, para sí mismo, para enseñárselo a sus padres, tiene sentido.

Escribirle a alguien sólo tiene sentido si el interlocutor está ausente. Así que el maestro utiliza el recurso del mensaje, carta o receta elaboradas en situación vivida, para dirigirse a una persona ausente: Papá Noel, familia, alumno ausente, niños de otra escuela, etc.

II LOS MEDIOS FÍSICOS

El niño debe poder controlar mínimamente la motricidad fina además de coordinar los movimientos en relación con la pinza y los distintos segmentos del brazo.

III DISCRIMINACIÓN VISUAL, COORDINACIÓN Y MEMORIA

Estas acciones forman parte de la prueba. Para copiar en la dirección correcta y en el orden correcto, hay que observar con atención el modelo y tomar referencias para saber en qué lugar del modelo y de la copia uno se encuentra: coordinación entre el ojo y el movimiento de la escritura y la memoria inmediata.

IV OTRAS CAPACIDADES

La atención, la concentración, la anticipación, la coordinación visomotora, la toma de muestras, etc. El objetivo de la Escuela Infantil es el de entrenar al niño en todos estos campos.

V LA ELECCIÓN DE LA ESCRITURA

La escritura más fácil, la escritura script con círculos y palos, es la única admisible en párvulos. La escritura enlazada y las mayúsculas pueden ser observadas, pero están fuera de lugar para esta edad.

VI ¿CUÁNDO? ¿CUÁNTO TIEMPO?

En el primer nivel, entre 3 y 4 años, a partir del segundo trimestre, a petición propia e individualmente, la maestra ayuda al niño sólo para que copie su nombre. En el segundo y tercer nivel, para un objetivo determinado y motivador, las fórmulas conocidas (felices fiestas, feliz año, feliz cumpleaños, para papá, para mamá, etc.) pueden concluir el dibujo de una tarjeta de felicitación. Para el niño, la decoración de la tarjeta en grafismo libre o dirigido es lo importante, y no la escritura. El ejercicio de escritura propiamente dicho no debe superar unos pocos minutos. La actividad de *escritura* nunca ha existido en la Escuela Infantil y con razón; el niño no está preparado, ni físicamente, ni intelectualmente. El objetivo de preescolar en este campo consiste en familiarizar al niño con las diferentes grafías; lo cual no significa de ninguna manera que haya que entrenarlo copiando.

¿Qué interés tiene copiar cuando no se sabe leer? ¿No dicen que *la escritura es la ciencia de los burros*? El entrenamiento precoz a la escritura produce graves trastornos.

ÍNDICE

Generalidades	p. 9
Los planos del escrito	
El movimiento de la escritura	
El Grafismo	p. 13
El grafismo libre	p. 13
El grafismo sugerido	p. 15
El grafismo dirigido o impuesto	p. 16
Las direcciones de la escritura	p. 19
Las letras	p. 21
Observación del niño a través de sus producciones libres	p. 23
Las primeras formas del trazado	
El garabateo	
El muñeco renacuajo	
El monigote	
El monigote complejo	p. 24
Primera consciencia de la escritura	p. 27
Caminando hacia la escritura a partir de estas informaciones	P. 28
Las orientaciones que ofrece la psicomotricidad	p. 28
El primer paso hacia la escritura	p. 33
Del juego a los símbolos de la escritura	p. 35
Los demás aportes de la psicomotricidad	p. 35
Los aportes del lenguaje	p. 37
Conclusión	p. 38
Dos referencias especiales: la foto y el nombre	p. 39
Cuándo y cómo ayudar al niño a copiar su nombre	p. 42
Precauciones	
Una pedagogía adaptada	
Análisis de cada letra en círculos y palos	p. 43
Programa de entrenamiento	
La memoria visual del nombre	
Conclusión	p. 44
Nunca dejar al niño solo frente a lo que no sabe	p. 46
La mayúscula	p. 47
La entrada directa a la escritura enlazada	p. 48
Los peligros de un entrenamiento precoz	p. 50

www.ingramcontent.com/pod-product-compliance
Lightning Source LLC
Chambersburg PA
CBHW041702160426
43202CB00002B/13